폴리머클레이로 만드는 나만의 브랜드

커 스 텀   액 세 서 리

커스텀 액세서리

초판 1쇄 인쇄 2021년 4월 10일
초판 1쇄 펴냄 2021년 4월 15일

지은이 ㅣ 채송아 · 안영임
펴낸이 ㅣ 김동중

펴낸곳 ㅣ 즐거운가
출판등록 ㅣ 2015년 7월 23일 제25100-2015-20호
주소 ㅣ 서울 중랑구 동일로 569-55
전화 ㅣ 070-7542-3673
팩스 ㅣ 02-6005-9431
전자우편 ㅣ merrydiy@naver.com

© 채송아 · 안영임 2021
ISBN : 979-11-974265-0-6 13630

정가 19,800원

Custom Accessories

폴 리 머 클 레 이 로 만 드 는 나 만 의 브 랜 드

커스텀 액세서리

채송아 • 안영임 지음

폴리머클레이를 만나고 단조로웠던 저의 삶은 180도 변했어요.

좋아하는 일이 무엇인지 알게 되었고 그것이 직업이 되니 하루하루가 기다려지고 신나는 날의 연속이었어요. 손으로 꼼지락거리는 일을 좋아하는 분들이라면 모두가 꿈꾸는 일일 거예요!

최근 폴리머클레이로 개성 있는 자신만의 액세서리 브랜드를 만들고 싶어 문의하는 분들이 부쩍 늘었어요. 설렘을 안고 시작한 폴리머클레이지만 일반 점토에 비해 단단해 체력 소모가 있는 편이고 생각처럼 쉽지 않은 공예라 중도 포기하는 분들이 적지 않아요. 빠르게 변화하는 세상에 적응해야만 했던 우리는 천천히 그리고 오랜 시간을 노력해야 내 것이 되는 것들에게 눈길을 줄 시간이 없었던 것일 수도 있어요.

폴리머클레이는 처음부터 호락호락한 공예는 아니지만 진득하게 끈기를 가지고 도전하다 보면 점토가 손안에서 자유롭게 움직이는 느낌을 받을 때가 올 거예요. 비로소 폴리머클레이가 여러분의 것이 되는 시간이 말이죠.

이 책은 폴리머클레이를 모르는 초보여도 차근차근 따라 할 수 있도록 쉬운 기법부터 완성작만으로는 어떻게 만들었을까 궁금증을 자아내는 기법까지 다양한 방법과 완성작을 보여드리기 위해 오랜 시간 노력을 기울여 완성되었어요. 그런 만큼 독자분들 모두가 폴리머클레이로 만드는 나만의 브랜드 커스텀 액세서리와 함께하는 동안 즐겁고 행복했으면 좋겠습니다.

책을 보고 따라 하시다가 어려운 부분이 있다면 블로그, 인스타그램, 유튜브로 언제든지 문의하세요.

Thanks to.

항상 묵묵하게 믿고 기다려주시는 부모님과 동생들, 잘 할 수 있을 거라며 항상 용기를 북돋아 주는 단짝 조매니저, 선생님이 최고라며 응원해주시는 우리 수강생 선생님들, 함께 집필하며 예쁜 사진 찍어주신 영임쌤과 재능기부로 책에 실린 작품 영문 이름 감수해주신 영어능력자 알밤공방 다영쌤 그리고 출판사 관계자분들이 있으셔서 두 번째 작업도 무사히 그리고 즐겁게 마칠 수 있었어요. 감사합니다!

채송아

내가 직접 액세서리를 만들고 싶다면 어떤 책이 필요할까? 단순히 재료를 연결하는 것이 아닌 정말 나만의 것을 만들고 싶은데 너무 어렵거나 비용이 많이 드는 것들은 부담이 된다면? 이런 고민을 하셨다면 이 책은 좋은 시작 중 하나가 될 것입니다.

제가 폴리머클레이를 처음 접하게 된 것은 귀걸이를 너무 좋아해서 직접 만들고 싶었기 때문입니다. 비즈 공예와 간단한 와이어 정도를 다루고 부재료를 사서 연결하는 방식으로 귀걸이를 만들곤 했는데 조금 더 특별한 게 갖고 싶었던 거죠. 그때 폴리머클레이를 접하고 그 매력에 푹 빠졌답니다. 특별한 기구가 많이 필요한 것도, 비용이 많이 드는 것도 아니었기에 처음 접하는 저도 부담 없이 시작하게 되었습니다. 이 책은 처음의 그 마음을 간직하면서 작업했답니다. 폴리머클레이를 활용해서 여러 가지 재료들과 함께 다양한 만들기를 경험해 볼 수 있도록 노력했습니다.

많은 분이 각자의 삶을 살다 다른 여러 가지 이유로 만들기를 시작하실 겁니다. 취미나 부업으로 혹은 새로운 상품 개발이나 교재 등의 이유로 말이죠. 이 책은 기본서이지만 최대한 넓은 지평을 소개하고자 노력했습니다. 여러분의 즐거운 만들기에 이 책이 좋은 길잡이가 되길 바랍니다.

ps. 폴리머클레이로 만든 작품을 선물할 때마다 좋아해 주고 비판 아끼지 않았던 우리 지노, 안 실장, 그저 좋아해 주시던 어머니 아버지 덕분에 즐겁게 만들었습니다. 좋은 인연으로 함께 하게 된 송아쌤 너무너무 수고 많으셨고, 감사합니다. 마지막으로 우리 꽃순이 사랑한다.

안영임

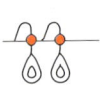 ## 폴리머클레이와 재료

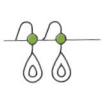 ## 봄 액세서리

여름 액세서리

조개 귀걸이 × 112

블루마린 머리끈,
귀걸이 × 114

사각
물결 귀걸이 × 118

믹스 귀걸이 × 120

허니비
귀걸이 × 124

그러데이션
펄 귀걸이 × 128

터키석
귀걸이 × 132

망고 귀걸이 × 136

파인애플
귀걸이 × 138

레몬 케인
귀걸이 × 140

수박 귀걸이 × 144

바다 볼마커 × 148

물결
스마트톡 × 152

가을 액세서리

겨울 액세서리

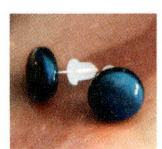
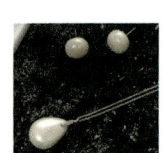

소품

Polymer clay Tools And Materials

폴리머클레이와
재료

▼_ 폴리머클레이는?

폴리머클레이(Polymer clay)는 플라스틱 성분 중 하나인 폴리염화비닐로 이루어진 점토로 일반 점토인 찰흙, 지점토, 컬러클레이 등 공기 중에 두면 자연 건조되는 수용성 점토와 다르게 기름이 들어가 있어 지용성 점토로 분류할 수 있으며 열처리를 해야 굳어지는 성질을 가지고 있다.

작품의 크기와 브랜드에 따라 110~130도에서 10~30분간 구워낸다.

폴리머클레이는 오븐에 구워내면 컬러클레이, 컬러믹스 등 보다 견고하고 플라스틱과 비슷한 느낌이 나며 햇빛이나 조명에도 색 변화가 없고 물이나 기름 등의 액체와 접촉하여도 녹지 않아 오래 보관할 수 있으며 크기에 비해 가볍다는 장점으로 인해 다양한 액세서리와 소품을 만드는 데 사용되고 있다.

▼_ 준비물

▼_ 기본 준비물

【 폴리머클레이 】   【 아크릴 밀대 】

폴리머클레이는 작품을 만들 때 가장 기본적인 재료   점토를 반죽할 때 사용하는 도구이다.
인 지용성 점토이다.

【 폴리머클레이 전용 칼 】

일반 칼보다 탄성이 있어 직선 또는 곡선 형태로 자유롭게 자를 수 있다. 물결 형태의 칼도 있다.

【 오븐 】

오븐은 폴리머클레이를 구울 때 사용한다. 폴리머클레이는 전자레인지나 끓는 물에 넣으면 안된다.

【 반죽머신 】

폴리머클레이를 일정한 두께로 밀어내거나 그러데이션 할 때 사용한다.

【 모눈종이 】

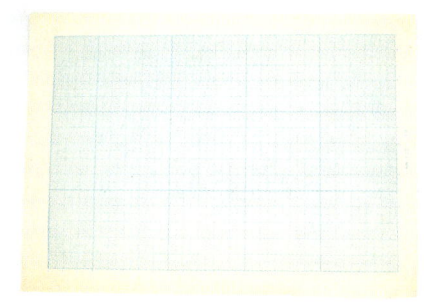

폴리머클레이를 원하는 사이즈로 자를 때 사용하면 유용하다. 종이를 코팅해서 사용하거나 종이 위에 OHP필름을 얹어 사용하면 오래 사용할 수 있다.

▼__ 표면처리 용품

【 유광바니시 】

오븐에 구워낸 작품 표면에 바르면 유광 효
과를 낼 수 있다.

【 UV레진 】

유광바니시보다 더 반짝이는 표면을 표현
할 수 있으며 완성작품의 강도를 더 높일
수 있다.

【 UV램프 】

UV레진을 바른 후 램프에 3분 정두 넣으
면 경화가 완료된다. UV램프는 36W를 권장한다.
36W 미만은 경화시간이 더 걸린다.

【 붓 】

펄을 바를 때 사용한다.

【 펄 】

폴리머클레이에 발라 반짝임과 금속 효과
를 낸다.

【 아크릴 물감 】

폴리머클레이 표면에 칠하거나 원석 효과
를 낼 때 사용한다.

【 네일 파일 】

거친 표면이나 고르지 못한 표면을 매끄럽
게 다듬을 때 사용한다.

【 금박, 은박 】

폴리머클레이와 섞어 반죽하거나 표면에
붙여 금속 느낌을 표현한다.

【 잉크패드, 스텐실, 알파벳 도장 】

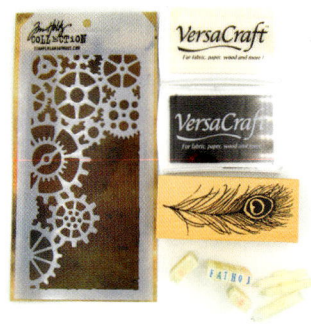

점토 위에 찍어 표면을 꾸밀 때 사용한다.

【 글리터, 자개 】

폴리머클레이 표면에 바르거나 붙여 화려
한 작품을 만든다.

【 오로라필름 】

주로 반투명 폴리머클레이와 섞어 사용하
며 원석 느낌을 낼 때 사용한다.

【 색모래 】

점토의 표면에 사탕 느낌을 표현할 때 사용
한다.

【 커터 】

넓게 펼친 폴리머클레이 위에 찍어 다양한
모양을 만든다.

【 도트봉 】

손으로는 할 수 없는 작은 홈을 만들거나
세밀한 작업을 할 때 사용한다.

▼_ 접착제

【 순간접착제 】

액세서리 부자재와 구워낸 폴리머클레이
를 붙일 때 사용한다.

【 리퀴드 】

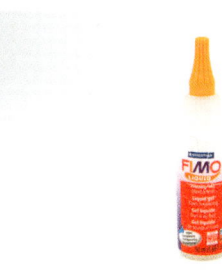

액상 폴리머클레이로 굽기 전에 붙이고자
하는 작품에 바른 후 구워내면 붙는다.

▼＿ 액세서리 소품 및 재료

【 바늘, 이쑤시개 】

폴리머클레이를 굽기 전에 구멍을 뚫을 때 사용한다.

【 핀 바이스 】

폴리머클레이를 굽고 나서 구멍을 뚫을 때
사용한다.

【 니퍼 】

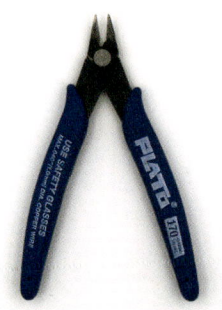

금속선이나 체인을 자를 때 사용한다.

【 9자말이 집게 】

핀을 말아 고리를 만들 때 사용한다.

【 평집게 】

핀을 구부리거나 고리 부분을 열고 닫을 때 사용한다.

【 O링, 9핀, T핀, 9핀 나사, 게고리, 꼬리체인, 줄 】

점토와 액세서리 부자재를 연결할 때 사용한다.

귀걸이 포스트, 반지, 펜던트, 머리끈, 핀, 부토니에, 볼마커, 키링, 스마트톡, 손거울, 휴대폰케이스, 솔트 레지, 책갈피, 무브먼트, 시곗바늘

【 다이아몬드 치즐, 원형 펀치, 송곳, 칼, 가위 】

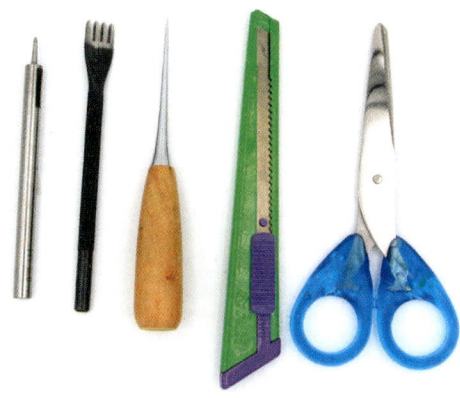

폴리머클레이 레더를 굽고 나서 자르거나 구멍 뚫을 때 사용한다.

▼_ 액세서리 도구 사용법

▼_ O링 연결하기

1 O링이 열리는 끝쪽을 기준으로 평집게 두 개를 비스듬하게 O링을 잡는다.

2 평집게를 잡은 양손을 다른 방향으로 비틀어 O링을 벌린다.

3 연결하고자 하는 장식물에 O링에 끼운다.

4 평집게로 O링 양 끝을 잡는다.

5 O링의 끝부분이 마주 보도록 비튼다.

6 장식물이 빠지지 않는지 확인한다.

▼_ 9자 말이 하기

1   T핀을 준비한다.

2   구멍을 뚫은 점토에 T핀을 끼운다.

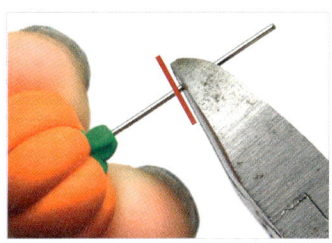

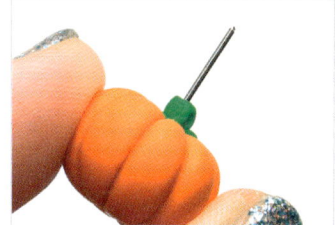

3   8mm 정도 남기고 니퍼로 T핀을 자른다.

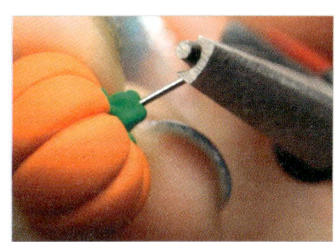

4   T핀 끝을 9자 말이 집게로 잡고 한 바퀴 돌린다.

5   끝부분이 잘 맞물려 벌어진 틈
이 없도록 조절한다.

6   T핀을 9자 말이 하여 링을 완성
한 모습.

V_ 폴리머클레이 기초

점토는 STAEDTLER사의 FIMO를 주로 사용하고 있으며 크게 소프트와 이팩트로 나눌 수 있다. 흰색과 검은색을 제외한 나머지 색상은 구워낸 후에 색상이 조금씩 진해진다.

V_ 소프트

【 불투명 】

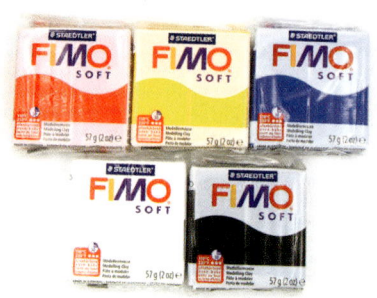

모든 색을 구비할 필요는 없다. 빨간색, 노란색, 파란색, 흰색, 검은색 다섯 가지 색상을 섞어 다양한 색을 만들 수 있기 때문이다.

V_ 이팩트

【 반투명 】

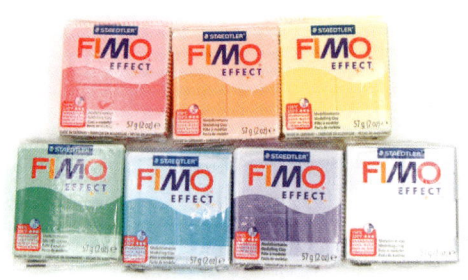

반투명 색은 흰색, 빨간색, 주황색, 노란색, 초록색, 파란색, 보라색 일곱 가지 색이 있다.

굽기 전

구운 후

폴리머클레이는 굽고 나면 색이 진해지면서 반투명해진다.

굽기 전

구운 후

구운 점토는 빛에 비춰보면 빛이 점토를 투과한다.

【 가죽(레더) 】

굽고 나면 색이 진해지면서 짐도가 유연해지기 때문에 곡선 형태의 작업, 입체 작업 시 유용하다. 구워낸 후 칼이나 가위로 자를 수 있어 다양한 작업이 가능하 다. 소프트, 이팩트보다 높은 온도(130도)에서 구워낸다.

【 야광 점토 】

 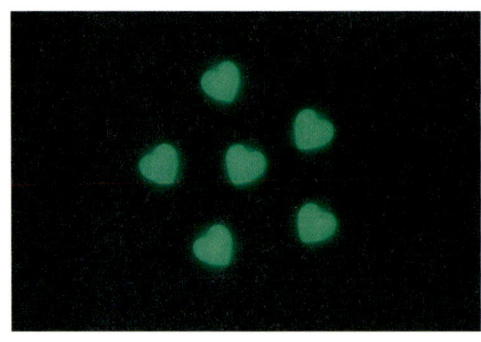

점토 자체에 야광 효과가 있어서 별다르지 않은 모양도 특별해 보이는 매력이 있다. 이 외에도 파스텔 효과, 반짝이 효과, 금속 효과가 있는 점토가 있다.

▼_ 클레이 색 배합 표

진한 빨강	주황	연한 주황	진한 노랑	연한 노랑	살구
빨강 9 : 검정 1	빨강 2 : 노랑 8	빨강 1 : 노랑 9	빨강 5 : 노랑 5	노랑 1 : 하양 9	주황 1 : 하양 9
진한 분홍	분홍	연한 분홍	보라	진한 보라	연한 보라
빨강 2 : 하양 8	빨강 1 : 하양 9	빨강 0.5 : 하양 9.5	빨강 6 : 파랑 4	보라 9 : 검정 1	보라 1 : 하양 9
남보라	남색	진한 파랑	진한 하늘	하늘	연한 하늘
보라 7 : 파랑 3	파랑 8 : 검정 2	파랑 9 : 검정 1	파랑 2 : 하양 8	파랑 1 : 하양 9	파랑 0.5 : 하양 9.5
초록	카키	청록	겨자	연두	민트
노랑 7 : 파랑 3	초록 9 : 검정 1	노랑 5 : 파랑 5	노랑 9.2 : 검정 0.8	노랑 9 : 파랑 0.3	하양 9 : 연두 1
진한 회색	회색	연한 회색	고동	갈색	황토
하양 8 : 검정 2	하양 9 : 검정 1	하양 9.8 : 검정 0.2	빨강 7 : 검정 3	노랑 7 : 검정 0.5 : 빨강 2.5	노랑 8 : 갈색 2

색 배합 표를 참조하여 빨간색, 노란색, 파란색, 흰색, 검은색을 비율에 따라 섞으면 다양한 색을 만들 수 있다.

▼ 폴리머클레이 반죽 방법

 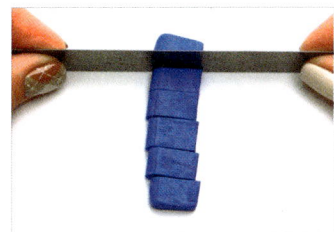

1   폴리머클레이를 필요한 만큼 준비하고 칼로 잘게 자른다.

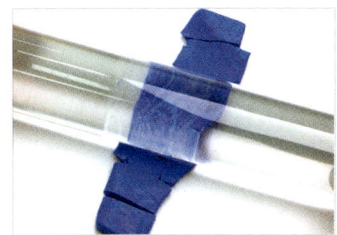 

2   잘린 폴리머클레이가 흩어지지 않도록 모아 밀대로 힘을 주어 가며 굴린다.

3   폴리머클레이가 갈라지거나 가루가 나오지 않을 때까지 반죽하면 된다.

▼_ 반죽머신 설치 및 사용법

1 반죽머신은 본체, 고정나사, 손
잡이로 구성되어있다.

2 본체를 작업대 끝에 놓고 고정
나사를 조여 움직이지 않도록 고정
한다.

3 본체에 손잡이를 조립한다.

4 손잡이를 돌릴 수 있는 공간을
확인한다.

5 반죽이 된 폴리머클레이를 준
비한다.

6 폴리머클레이를 손으로 잡고
손잡이를 돌린다.

7 폴리머클레이를 반죽머신으로
내린 모습.

8 반죽머신 두께 조절 손잡이는
왼쪽에 있다. 두께는 손잡이를 잡
아당기고 좌우로 돌리면 조절이 가
능하다.

▼_ 오븐 사용법

1 오븐은 온도 조절이 가능한 오 븐을 사용한다. 온도 조절이 안 되는 오 븐은 온도가 빠르게 올라가기 때문에 폴리 머클레이가 탈 수 있다. 별도의 예열은 하 지 않아도 된다.

2 오븐 안에 있는 판 위에 종이를 깐다. 종이를 깔지 않고 구우면 판에 닿았 던 부분에 자국이 생긴다.

3 작품을 판 위에 올리고 오븐에 넣는다.

4 폴리머클레이는 브랜드와 성질에 따라 온도는 110~130도로 시간은 10~30분 정도 굽는다.

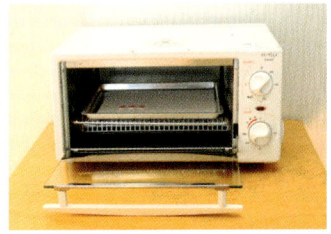

5 오븐은 환기가 잘 되는 곳에서 사용한다. 구운 후에는 오븐 문을 열어 열을 충분히 식힌 후 점토를 꺼낸다. 화상에 주의한다.

▼_ 구멍 뚫는 방법

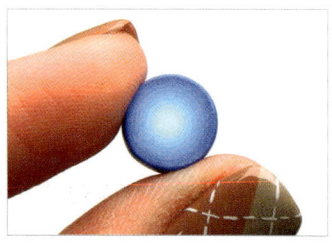

1 굽지 않은 폴리머클레이를 준비한다.

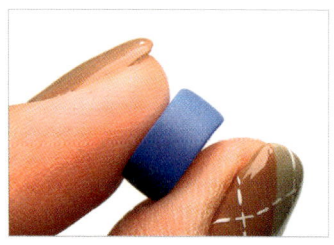 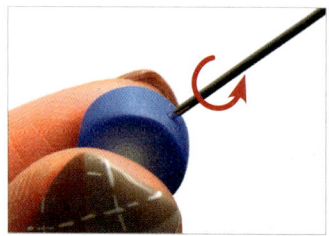

2 구멍 뚫을 위치를 잡고 바늘을 손가락으로 돌려가며 폴리머클레이에 넣는다.

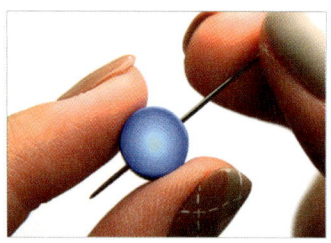

3 반대쪽으로 바늘이 나올 때까지 돌린다. 바늘을 뺄 때도 마찬가지로 바늘을 돌리면서 빼야 폴리머클레이 모양이 망가지지 않는다.

▼_ 그러데이션 방법

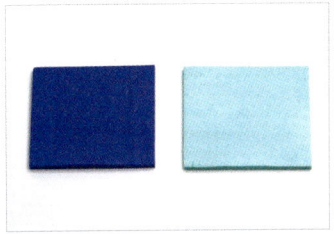

1 파란색과 민트색 점토를 같은 크기의 직사각형으로 한 장씩 준비한다.

2 칼을 사용하여 두 가지 색 폴리머클레이를 대각선으로 자른다.

3 서로 다른 색을 한 조각씩 붙이고 반으로 접는다.

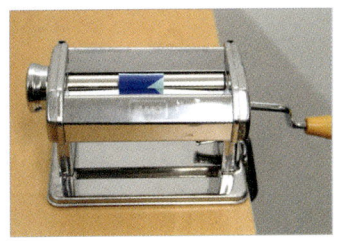

4 반죽머신 두께 수치를 1에 놓고 접힌 부분이 먼저 들어가도록 밀어낸다.

5 밀어낸 폴리머클레이를 반으로 접는다.

6 다시 같은 방법으로 머신에 내린다.

7 그러데이션이 자연스러워질 때까지 같은 방법으로 여러 번 반복한다.

포시즌 액세서리

폴리머클레이와 레진으로 계절에 어울리는 액세서리를 만들어 봅니다.

폴리머클레이는 내가 원하는 디자인과 색상으로 액세서리를 디자인할 수 있다는 장점과 크기에 비해 가벼운 소재로 크기가 커도 일반 액세서리보다 부담 없이 착용할 수 있으며, 일반 점토들과 달리 물과 햇빛에 강해 변형이 없어 액세서리로 활용하기 좋은 재료입니다.

✤ 과정 설명에서 빠른 이해를 돕기 위하여 폴리머클레이는 '점토'로 블레이드는 '칼', 반죽머신기는 '머신'으로 설명합니다.
✤ 준비물의 경우 폴리머클레이 작업 시 필수로 사용되는 칼, 밀대, 머신 액세서리 작업 시 필수로 사용되는 평집게, 니퍼, 9자 말이 집게와 UV레진 사용 시 필수인 UV램프는 준비물 소개에서 제외합니다.

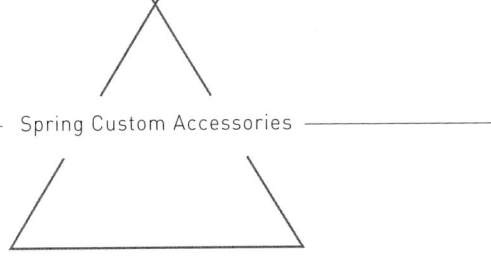

Spring Custom Accessories

봄 액세서리

Ball Stud
Earrings

볼

귀

걸

이

준비물　　　◆__　폴리머클레이 (연두색)

　　　　　　Y__　귀걸이 포스트(컵), 순간접착제

1　연두색 점토를 지름 7mm로 밀어낸다.

2　5mm 길이로 두 조각을 자른다.

3　잘라낸 조각을 동그랗게 만든다.

4　지름 6mm 컵형 귀걸이 포스트를 준비한다.

5　원형으로 만든 점토를 컵 포스트 위에 얹은 후 110도 오븐에 10분간 굽는다.

6　구운 점토를 떼어내고 컵 포스트에 순간접착제를 바르고 다시 붙여 볼 귀걸이를 완성한다. 굽기 전 컵 포스트에 붙여 오븐에 구워내면 포스트와 점토의 표면이 딱 맞아 접착제가 더 잘 붙는다.

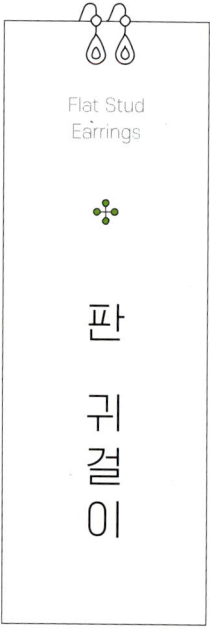

Flat Stud
Earrings

판

귀
걸
이

준비물   __ 폴리머클레이 (민트색)

Y__ 귀걸이 포스트 (판), 순간접착제

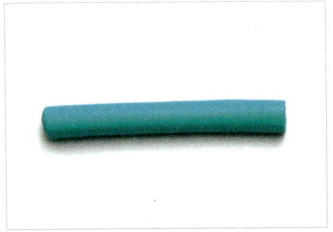  

1 민트색 점토를 지름 7mm로 반 죽한다.

2 5mm 길이로 두 조각을 자 른다.

3 잘라낸 조각을 동그랗게 만 든다.

4 손가락으로 눌러 도톰한 두께의 원이 되도록 만든다.

 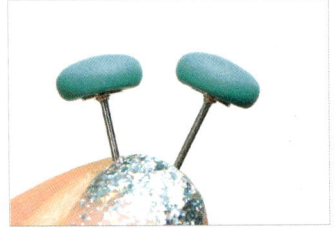

5 지름 4mm 판형 귀걸이 포스트 를 준비한다.

6 점토를 판 포스트 위에 얹은 후 110도 오븐에 10분간 굽는다.

 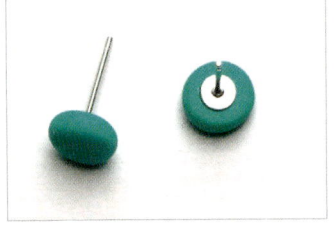

7 구운 점토를 떼어낸 후 귀걸이 포스트에 순간접착제를 바르고 다시 붙 여 판 귀걸이를 완성한다.

Disc Drop
Earrings

원 귀
걸
이

준비물　◆__　폴리머클레이 (빨간색, 코랄핑크색)

　　　　　　❣__　귀걸이 포스트 (판), O링, 핀 바이스, 순간접착제, 원형 커터 2가지

1　빨간색, 코랄핑크색(비율 = 흰색 2 : 빨간색 1 : 노란색 1) 점토를 머신 두께 1로 밀어낸다.

2　크기가 다른 두 가지 원형 커터로 두 개씩 찍어낸 후 110도 오븐에 10분간 굽는다.

 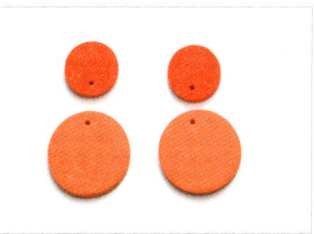

3　핀 바이스로 작은 점토는 양쪽을 뚫고 큰 점토는 한쪽 끝부분을 뚫는다. 너무 끝부분을 뚫으면 점토가 깨질 수 있다.

4 순간접착제를 작은 원형 점토 구멍 맞은편에 바르고 귀걸이 포스트 넣어 붙인다.

5 O링으로 두 원형 점토를 연결하여 원 귀걸이를 완성한다.

Square Stud
Earrings

사각형
귀걸이

준비물
♦__ 폴리머클레이 (라임색)

Y__ 귀걸이 포스트 (판), O링, 순간접착제, 사각형 커터

1 라임색 점토를 머신 두께 1로
밀어낸다.

2 사각형 모양의 커터로 점토를 두 개 찍는다.

3 귀걸이 포스트를 얹은 후 110도
오븐에 10분간 굽는디.

4 구운 후 포스트를 떼어 순간접
착제를 바르고 다시 붙이면 사각형
귀걸이가 완성된다.

Grape Dangle
Earrings

포도알
귀걸이

준비물   ◆＿ 폴리머클레이 [반투명 펄 계열 - 분홍색, 하늘색, 노란색]

Y＿ 귀걸이 포스트, O링, 볼핀, 바늘

1 반투명 펄이 들어간 점토 분홍색, 하늘색, 노란색 점토를 지름 5mm로 반죽한다.

2 각각의 색상을 4mm 길이로 네 조각 잘라낸다.

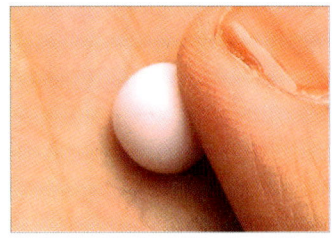

3 잘라낸 조각을 손바닥과 손가락으로 동그랗게 만든다.

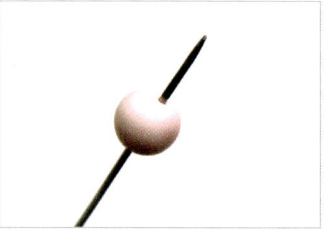

4 점토에 구멍을 뚫기 위해 모든 점토를 바늘에 끼워 넣는다.

5 바늘에 끼운 점토 그대로 110도 오븐에 10분간 구운 후 식으면 점토를 바늘에서 뺀다.

6 점토에 볼핀을 끼워 적당한 길이로 자르고 9자 말이 한다.

7 나머지 점토도 같은 방법으로 9자 말이 한다.

8 O링에 만든 구슬을 3개, 2개, 1개 순으로 걸어준다.

9 귀걸이 포스트에 연결하여 포도알 귀걸이를 완성한다.

Candy Ball
Earrings

왕사탕
귀걸이

준비물

◆__ 폴리머클레이 (반투명 계열 – 흰색, 빨간색, 주황색, 노란색, 초록색, 파란색, 보라색)

Y__ 귀걸이 포스트, O링, 체인, 색모래(흰색), 목공용 풀, T핀

1 반투명 계열 빨간색, 주황색, 노란색, 초록색, 파란색, 보라색은 각 1개씩, 흰색은 6개를 같은 크기로 준비한다.

2 반투명 흰색과 색상 점토를 각각 1:1 비율로 섞어 공 모양으로 만든 후 바늘로 구멍을 뚫는다.

3 섞은 점토를 110도 오븐에 10분 굽는다.

4 목공용 풀을 비닐 위에 짜서 구운 점토 표면에 묻힌다.

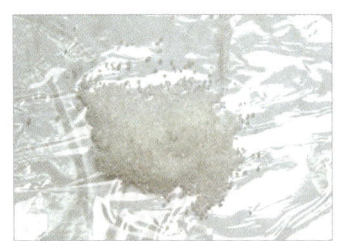

5 흰색 모래를 점토에 묻혀 설탕을 표현한다.

6 목공용 풀이 완전히 마를 때까지 기다려 왕사탕을 완성한다.

7 T핀을 꽂아 적당한 길이로 자르고 9자 말이 한다.

8 적당한 길이의 체인을 준비한다.

9 양쪽 끝에 사탕 모양 점토를 연결한다.

10　체인 3/5 지점에 O링을 연결
한다.

11　O링에 귀걸이 포스트를 연결
하면 왕사탕 귀걸이가 완성된다.

Rose
Teardrop
Earrings

로즈
티어드롭
귀걸이

준비물 ◆__ 폴리머클레이 (반투명 펄 분홍색)

ᵛ__ 귀걸이 포스트, 9핀 나사, 핀 바이스, O링

1 반투명 펄 분홍색 점토를 같은 크기의 공 모양으로 두 개 만든다.

2 점토를 납작하게 누르고 한쪽 옆 부분을 꼬집듯 빼 물방울 모양으로 만든다.

3 같은 방법으로 두 개 만들고 110도 오븐에 10분간 굽는다.

4 구워낸 물방울 모양을 핀 바이스로 5mm 정도 뚫는다.

5 9핀 나사를 뚫어 놓은 구멍에 돌려가며 끼워 넣는다.

6 O링으로 귀걸이 포스트와 연결하여 로즈 티어드롭 귀걸이를 완성한다.

73

Cherry Blossom
Earrings

벚꽃
귀걸이

준비물　　◆＿　폴리머클레이 [반투명 흰색, 반투명 펄 분홍색]

　　　　　　　Y＿　귀걸이 포스트 [판], 핀, 큐빅, UV레진

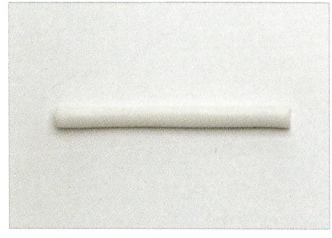

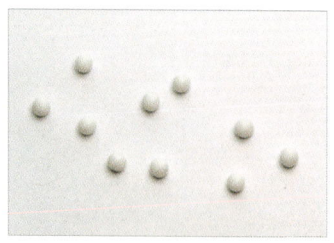

1 반투명 흰색 점토를 지름 5mm 로 반죽한다.

2 점토를 3mm 길이 열 조각으로 자른다.

3 공 모양으로 둥글게 만든다.

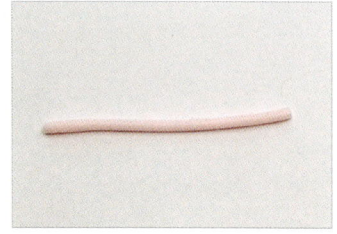
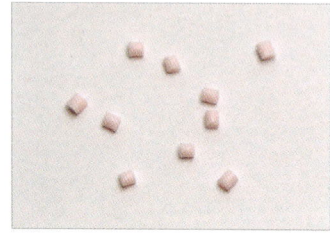

4 반투명 펄 분홍색 점토를 지름 2mm로 길게 밀고, 2mm 길이로 열 조 각 자른다. 그리고 둥글게 공 모양으로 만든다.

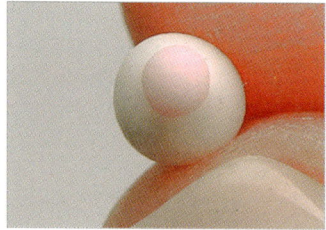

5 흰색 위에 펄 분홍색을 얹는다.

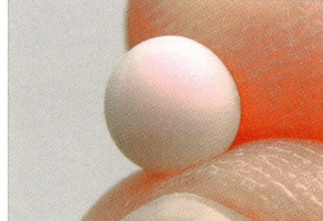

6 손바닥 위에서 굴러 공 모양을 만든다.

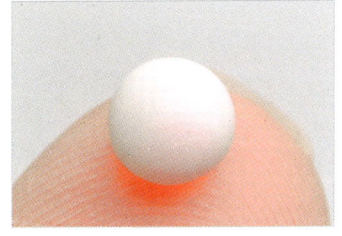

7 펄 분홍색 쪽이 옆쪽으로 가도록 하고 납작하게 누른다.

8 펄 분홍색 부분을 꼬집듯 빼 물방울 모양으로 만든다.

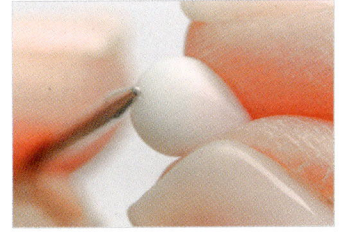

9 둥근 모양 중심을 핀으로 살짝 눌러 꽃잎 모양으로 만든다.

10 같은 모양으로 10개 만든다.

11 분홍색이 가운데 모이도록 다섯 개를 붙여 같은 모양 벚꽃을 두 개 만든다.

12 벚꽃 중앙에 큐빅을 하나 얹는다.

13 점토를 110도 오븐에 10분 굽는다.

14 귀걸이 포스트를 순간집착제로 붙인다.

15 UV레진을 벚꽃 전체에 바르고 UV램프로 3분간 경화한다.

16 연분홍빛이 예쁜 벚꽃 귀걸이가 완성되었다.

Hoop Drop
Earrings with
colorful
translucent effect

반투명
조각 링
귀걸이

준비물

◆＿ 폴리머클레이 (흰색) (반투명 계열- 흰색, 빨간색, 노란색, 파란색, 보라색)

˅＿ 귀걸이 포스트 (판), 원형 커터, O링, 핀 바이스, UV레진

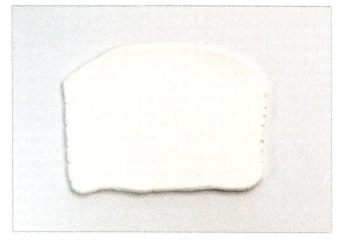 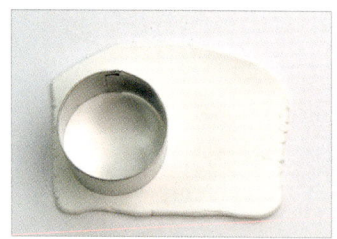 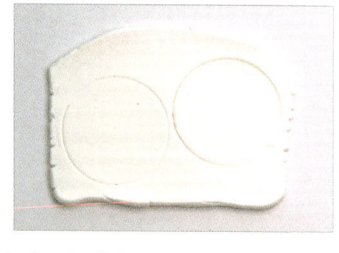

1 흰색 점토를 머신 두께 1로 밀어낸다.

2 원형 커터로 원 두 개를 살짝 찍어 자국을 낸다. 미리 자국을 내놓으면 귀걸이 사이즈를 가늠할 수 있어 안을 꾸밀 때 도움이 된다.

3 반투명 빨간색, 노란색, 파란색, 보라색을 반투명 흰색과 각각 1:2 비율로 섞어 색을 만든다.

4 섞은 점토를 머신 두께 8로 밀어낸다.

5 점토를 작은 사이즈로 찢는다.

 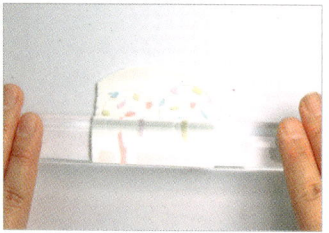

6 원형 자국을 낸 흰색 점토 위에 골고루 붙인다.

7 색상 점토가 흰색 점토에 잘 붙게 밀대로 민다.

8 원형 커터로 자국을 따라 찍어낸다.

9　작은 사이즈 원형 커터를 찍어 안쪽에 구멍을 만든다.

10　모든 점토를 함께 110도 오븐에 10분간 굽는다.

11　작은 원 점토에 귀걸이 포스트를 순간접착제로 붙인다.

12　작은 원 점토 아래쪽에 핀 바이스로 구멍을 뚫는다.

13　O링으로 연결하여 반투명 조각 링 귀걸이를 완성한다.

14　UV레신을 잎어 유광 효과를 낼 수도 있다.

Leather Sprout
Earrings

가죽
새싹
귀걸이

준비물　◆__ 폴리머클레이 (레더- 연 노란색, 연두색)

　　　　　Y__ 귀걸이 포스트, O링, 송곳, 마름모 커터, 원형 커터

1 레더 노란색, 연두색을 머신 두 께 6으로 밀어낸다.

2 마름모 커터로 노란색과 연두색을 각각 두 개씩 찍는다.

3 연두색 점토에 두 가지 크기의 작은 원형 커터를 찍어 뚫는다.

4 점토를 살짝 비틀어 입체감 있게 만든다.

5 노란색 점토는 연두색 점토와 반대가 되는 방향으로 비틀어 입체감을 만든다. 볼륨을 반대로 주어야 겹쳤을 때 풍성하게 보인다.

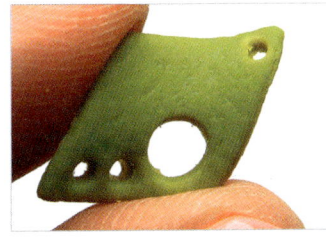

6   송곳으로 끝부분에 구멍을 뚫는다.

7   네 개 모두 뚫고 130도 오븐에 10 분간 굽는다. 폴리머클레이 레더는 굽는 온도가 일반 폴리머클레이에 비해 높다.

8   O링으로 귀걸이 포스트와 노란 색, 연두색 마름모 모양을 하나씩을 연결한다.

9   가죽 새싹 귀걸이가 완성되었다.

Lace Drop Earrings
with Goldline Disc
Stud

골드라인
레이스
귀걸이

준비물

♦__ 폴리머클레이 (반투명 흰색, 다양한 색)

Y__ 금박, 원형 커터, 귀걸이 포스트, O링, 레이스 태슬, 순간접착제

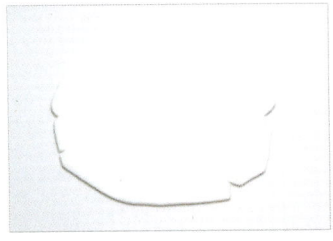

1 반투명 흰색 점토를 머신 두께
3으로 밀어낸다.

2 반투명 흰색 점토 위에 금박을
얹는다.

3 점토를 반으로 자르고 금박, 점토, 금박, 점토 순으로 겹친다.

4 다시 반을 자르고 같은 방법으로 겹친다.

5 한 번 더 반으로 자르고 겹친다.

6 칼로 얇게 포 뜨듯 자르고 머신
두께 8로 내린다.

7 다양한 색상의 점토를 섞는다.
쓰다 남은 점토를 모아두었다가 활용하면
좋다.

8 같은 크기로 두 개의 공 모양을 만든다.

9 머신으로 내린 반투명 점토로 감싼다.

10 표면이 매끄러워지도록 손바닥 위에 얹어 굴린다.

11 같은 방법으로 두 개 만든다.

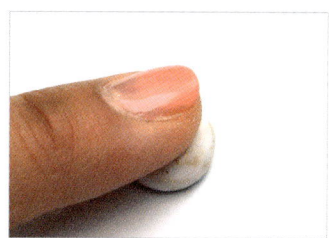

12 손가락으로 눌러 납작하게 만든다.

13 점토를 110도 오븐에 10분간 굽는다.

14 귀걸이 포스트와 구워낸 점토를 순간접착제로 붙이고 O링으로 레이스 태슬을 연결하여 완성한다. 반투명 점토를 얇게 만들어 색상이 있는 점토를 감싸 구워내면 밑에 색상이 비쳐 올라와 더욱더 예쁜 느낌을 낼 수 있다.

Leather Ribbon
Hair-tie,
Earrings

가죽 리본
머리끈,
귀걸이

준비물　◆__ 폴리머클레이 (빨간색) (레더- 청록색, 노란색)

　　　　　ᵞ__ 리본 도안, 송곳, 순간접착제, 가위, 머리끈 부자재, 바늘,
　　　　　　　 체인, 귀걸이 포스트, 구슬, O링, 9핀, 핀 바이스

1 레더 청록색을 머신 두께 6으로 가로 110mm, 세로 70mm 직사각형으로 만들어 130도 오븐에 10분간 굽는다. 폴리머클레이 레더는 굽는 온도가 일반 폴리머클레이에 비해 높다.

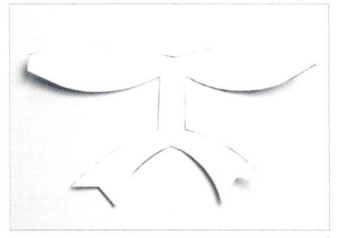

2 95쪽에 있는 가죽 리본 머리끈 도안을 자르거나 먹지로 복사한다.

3 리본 도안을 점토 위에 얹고 송곳으로 라인을 그린다.

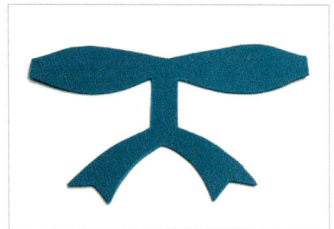

4 가위로 라인을 따라 자른다.

5 리본 중앙에 순간접착제를 바른다.

6 리본 볼륨이 살아 있도록 주의하며 양쪽 끝을 겹치지 않게 붙인다.

7 리본 중앙 라인을 한 바퀴 돌린다.

8 리본의 뒷면에 순간접착제를 바른다.

리본 뒷모습

리본 앞모습

9 리본 끝부분을 붙인다.

10 머리끈 판에 순간접착제를 바른다.

11 리본에 붙이면 가죽 리본 머리끈 완성

12 95쪽에 있는 가죽 리본 귀걸이 도안을 사용하여 같은 방법으로 리본 두 개를 만든다.

13 핀 바이스로 리본을 세로로 뚫는다.

14 9핀을 꽂아 9자 말이 한다.

15 빨간색 점토로 둥글게 반죽하여 두 개 만든다.

16 바늘로 구멍을 뚫고 110도 오븐에 10분간 굽는다.

17 9핀을 꽂아 9자 말이 한다.

18 귀걸이 포스트, 체인, 리본, 체인, 구슬 순서로 O링을 연결한다.

19 가죽 리본 귀걸이 완성.

가죽 리본 키링 도안
검은색 라인 안쪽으로 잘라 사용하세요.

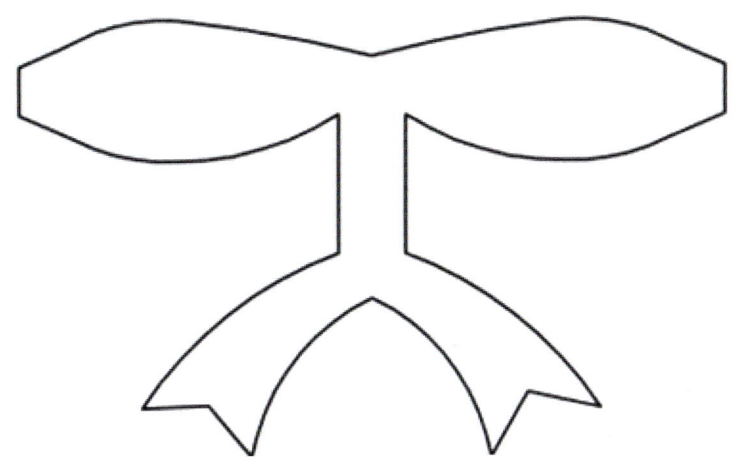

가죽 리본 귀걸이 도안
검은색 라인 안쪽으로 잘라 사용하세요.

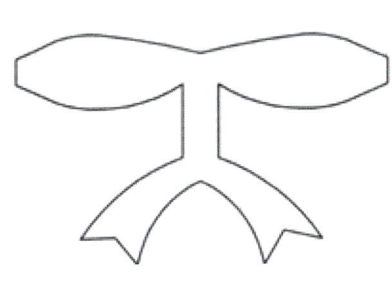

심플
파스텔
집게 핀

준비물　　　◆__ 폴리머클레이 (연보라색)

　　　　　　▼__ 집게 핀

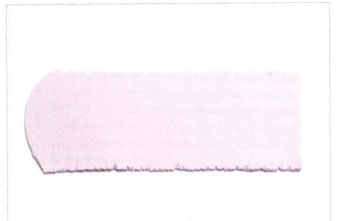

1　연보라색 점토를 머신 두께 4로 밀어낸다.

2　연보라색 점토 위에 집게 핀을 뒤집어 얹는다.

3　집게 핀의 크기에 맞게 점토를 칼로 잘라낸다.

4　집게 핀과 점토가 들뜸 없이 붙어있는지 확인한다.

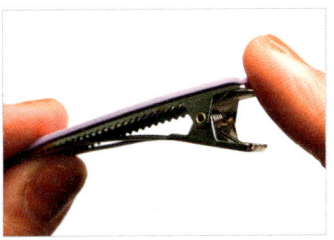

5　네 가장자리를 손으로 눌러 다듬는다.

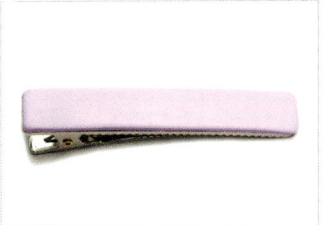

6　110도 오븐에 10분간 구워내면 심플 파스텔 집게 핀 완성.

7　다양한 파스텔 색상으로 만들어 본다.

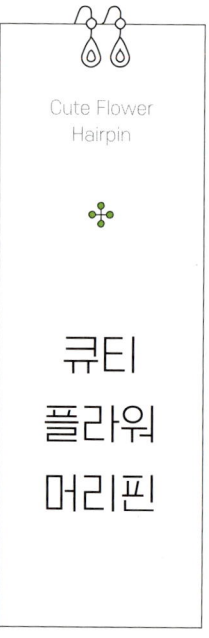

Cute Flower
Hairpin

큐티
플라워
머리핀

준비물   ◆__ 폴리머클레이 [귤색, 라임색]

V__ 커터[원형, 꽃 모양], 똑딱이 핀, 순간접착제

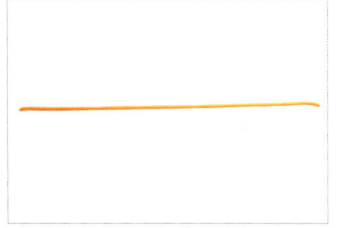

1 귤색 점토를 가늘고 길게 반죽
한다.

2 20mm 정도 길이로 일정하게
자른다.

3 물결 모양으로 휘어 서로 붙
인다.

4 점토가 잘 붙을 수 있도록 밀대로 살짝 민다.

5 꽃모양 커터로 찍는다.

6 중심을 원형 커터로 찍는다.

7 같은 크기의 원형 커터로 라임
색 점토를 찍는다.

8 라임색 원형 점토를 꽃 모양 점토에 채워 넣는다.

9 같은 방법으로 두 개 만들고 110도 오븐에 10분간 굽는다.

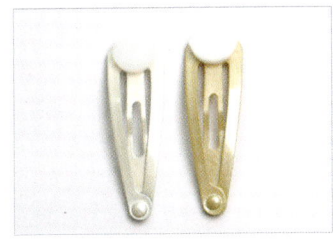  

10 똑딱이 핀을 준비한다.

11 순간접착제로 꽃과 핀을 붙인다.

12 큐티 플라워 머리핀 완성.

Unicorn
keyring

유니콘
키링

준비물

◆__ 폴리머클레이 (반투명 흰색) (반투명 펄 계열 – 분홍색, 하늘색, 노란색)

Y__ 유니콘 프레임, UV레진, D형 키링, O링, 체인, 꾸밈 재료

1 반투명 흰색, 반투명 펄 계열 분홍색, 하늘색, 노란색을 준비한다.

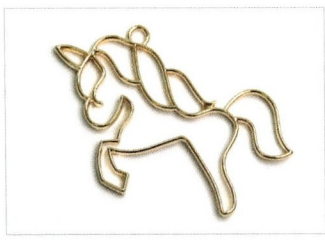

2 유니콘 프레임을 준비한다.

3 반투명 펄 노란색을 유니콘 뿔에 맞게 넣는다.

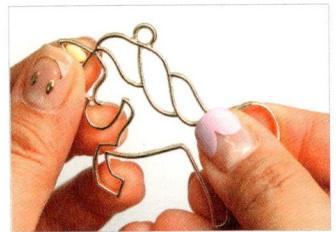

4 손으로 눌러 많지도 모자라지도 않게 채운다.

5 반투명 펄 분홍색으로 유니콘 프레임 갈기와 꼬리를 채운다.

6 반투명 펄 하늘색으로 유니콘의 남은 갈기를 채운다.

7 반투명 흰색으로 유니콘 프레임 몸통을 채운다.

8 110도 오븐에 10분간 굽는다.

9 UV레진을 프레임 위에 얹는다.

10 원하는 장식을 얹는다.

11 장식이 움직이지 않도록 고정하기 위해 UV램프로 1분간 경화한다.

12 장식 위를 포함 전체적으로 UV레진 코팅을 하여 3분간 경화한다.

13 유니콘에 체인, O링, 키링 등 꾸미기 재료를 연결한다.

14 유니콘 키링 완성.

Forsythia Ball
Keyring

개나리
볼 키링

준비물 ◆__ 폴리머클레이 (반투명 노란색)

Y__ T핀, 9핀, D형 키링, 도트봉, 바늘, O링, 체인

1 반투명 노란색 점토를 지름 5mm 공 모양으로 만든다.

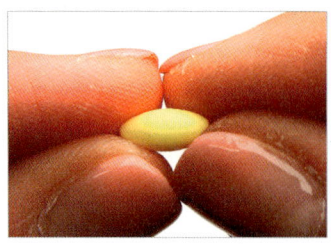

2 양쪽으로 잡아당겨 긴 타원을 만든다.

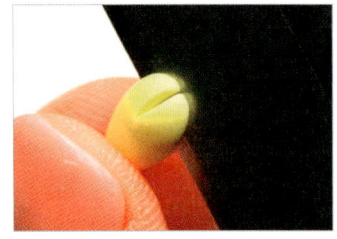

3 칼로 타원의 한쪽 끝을 절반 깊이 정도 십자 모양으로 자른다. 작은 점토를 잡고 칼을 사용하니 안전에 주의한다.

4 자른 부분을 살짝 벌린다.

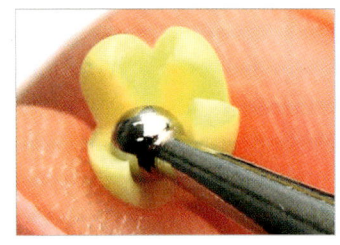

5 도트봉으로 눌러 개나리 꽃잎을 만든다.

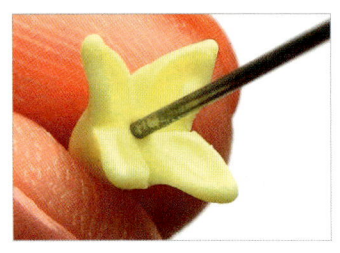

6 꽃 중심을 바늘로 뚫는다.

7 110도 오븐에 10분간 굽는다.

8 꽃 앞쪽으로 T핀을 넣는다.

9 적당한 길이로 잘라 9자 말이 한다.

10 같은 방법으로 개나리를 많이 만든다.

11 만든 개나리를 O링에 끼운다.

12 볼 형태가 되도록 모양을 잡는다.

13 9핀을 안쪽 O링에 걸어 9자 말이 한다.

14 D형 키링, 체인 등을 O링으로 연결한다.

15 개나리 볼 키링 완성.

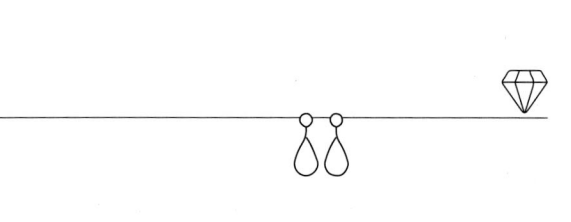

Summer Custom Accessories

여름 액세서리

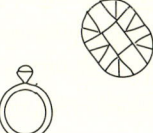

Seashell
Earrings

조개
귀걸이

준비물   ◆＿ 폴리머클레이 (진주색)

              ✌＿ 귀걸이 포스트 (판), UV레진, 실리콘 몰드

1   진주색 점토를 몰드 사이즈보다 작은 공 모양으로 만든다.

2   점토를 실리콘 몰드에 얹고 꾹꾹 힘으로 누른다. 플라스틱 등 딱딱한 몰드의 경우 찍은 후 점토를 빼내기 어렵기 때문에 실리콘 몰드를 권장한다.

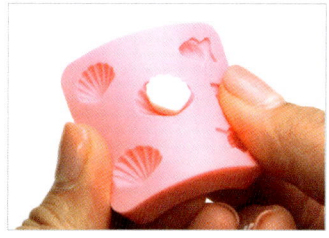

3   몰드를 양손으로 벌려 점토를 빼낸다.

4   같은 모양으로 두 개 만들어 110도 오븐에 10분 굽는다.

5   순간접착제로 조개와 귀걸이 포스트를 붙인다.

6   조개 위에 UV레진을 얇게 발라 3분간 경화한다.

7   순간접착제로 귀걸이 포스트를 붙여 조개 귀걸이 완성.

8   원석을 달아 다른 느낌으로도 만들어 볼 수 있다.

블루마린
머리끈,
귀걸이

준비물 ♦__ 폴리머클레이 [흰색, 파란색]

⋎__ 머리끈, 원형 커터, 귀걸이 부자재

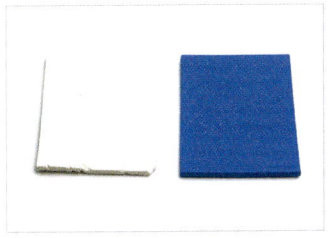

1 흰색, 파란색 점토를 머신 두께 1로 각각 가로 50mm, 세로 60mm 로 만든다.

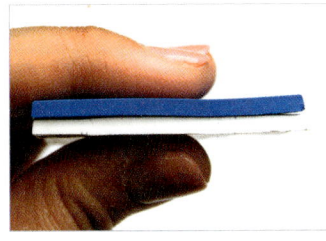

2 두 점토를 겹친다.

3 세로 60mm를 반으로 자른다.

4 자른 점토를 다른 색이 만나도 록 겹친다.

5 50mm를 반으로 자른다.

6 자른 점토를 다른 색이 만나도록 겹친다.

7 칼로 얇게 단면으로 자른다.

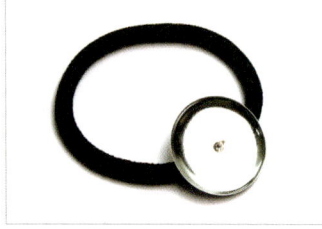

8 지름 25mm 머리끈을 준비
한다.

9 사용하다 남은 점토를 뭉친다.

10 뭉친 점토를 머리끈에 채워 가운데가 볼록하게 올라온 돔 형태로 만
든다.

11 머리끈 지름보다 큰 원형 커터로 얇게 잘라놓은 점토를 찍는다.

12 머리끈 위를 덮는다.

13 머리끈 지름에 맞게 남는 부
분을 손으로 눌러 다듬는다.

14 110도 오븐에 10분 굽는다.

15 블루 마린 머리끈 완성. 다양
한 사이즈로 만들어 볼 수 있다.

16 머리끈 만들었을 때보다 작은 원형 커터로 점토를 찍는다.

17 원을 반으로 자른다.

18 이쑤시개나 송곳으로 구멍을 뚫는다.

19 110도 오븐에 10분 구워 귀걸이 포스트와 연결하면 블루 마린 귀걸이 완성.

Square Wave
Earrings

사각 물결
귀걸이

♦＿ 폴리머클레이 (흰색, 검은색, 형광 분홍색)

✌＿ 귀걸이 포스트 (판), 물결 칼, 순간접착제, 사각형 커터

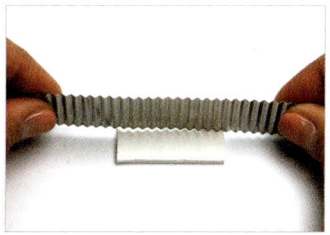

1 흰색, 검은색, 형광 분홍색 점토를 머신 두께 1로 각각 가로 15mm, 세로 40mm로 만든다.

2 흰색, 형광 분홍색 점토를 가로로 길게 두고 끝부분을 물결 칼로 자른다. 검은색 점토는 2mm 폭으로 자른다.

3 흰색, 검은색, 형광 분홍색 순으로 붙인다.

4 사각형 커터로 세 가지 색 점토가 모두 나오도록 찍는다.

5 같은 모양을 두 개 만들고 110도 오븐에 10분 굽는다.

6 귀걸이 포스트를 순간접착제로 발라 붙인다.

7 사각 물결 귀걸이 완성.

Translucent
Swirling
Earrings

믹스
귀걸이

준비물　◆__ 폴리머클레이 (흰색) (반투명 흰색, 펄 흰색, 반투명 펄 하늘색)

Y__ 귀걸이 포스트, UV레진

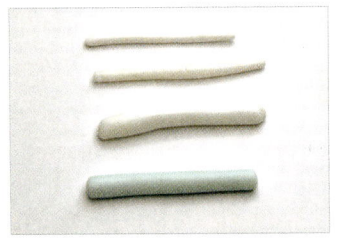

1 흰색, 반투명 흰색, 펄 흰색, 반투명 펄 하늘색 점토를 다양한 굵기로 반죽한다.

2 점토를 꼬아 색을 섞는다.

3 꼬아준 점토를 밀어 표면을 매끄럽게 만들면서 길이를 늘인다.

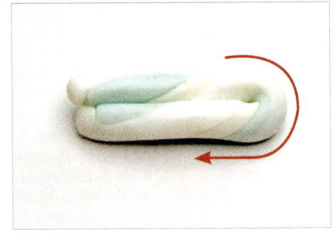

4 반을 접고 다시 길이를 늘인다.

5 같은 크기로 두 조각을 자른다.

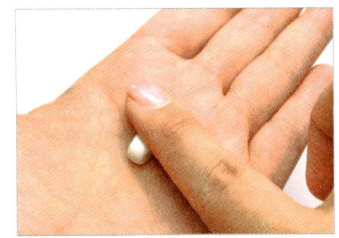

6 점토를 손바닥에 두고 큰 원을 그리며 굴려 나선형 모양으로 만든다.

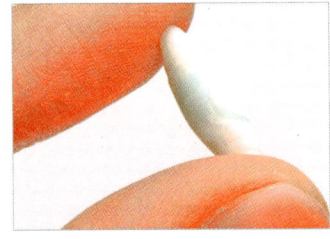

7 점토 양쪽 끝을 손가락으로 눌러 납작하게 만든다.

8 귀걸이 포스트를 준비한다.

9 귀걸이 포스트에 점토를 채운다.

10 110도 오븐에 10분 굽는다. 반투명 계열의 점토가 섞여 있어 굽고 나면 경계가 뚜렷해진다.

11 UV레진을 얹고 UV램프로 3분 경화한다.

12 믹스 귀걸이 완성.

Bumblebee
Pattern
Earrings

허니비
귀걸이

준비물　　◆__ 폴리머클레이 (라임색, 검은색)

　　　　　　Y__ 귀걸이 포스트, 순간접착제

1 라임색, 검은색 점토를 머신 두께 6으로 가로 60mm, 세로 20mm로 만든다.

2 두 가지 색 점토를 겹친다.

3 반으로 잘라 가로 30mm, 세로 20mm 사각형 두 개를 겹친다.

4 다시 반으로 잘라 가로 15mm, 세로 20mm 사각형 두 개를 겹친다.

5 마지막으로 한 번 더 잘라서 가로 15mm, 세로 10mm 사각형 두 개를 겹친다.

6 원하는 크기의 오각형으로 자른다.

7 서로 다른 색이 위를 향하게 하여 같은 모양으로 자른다.

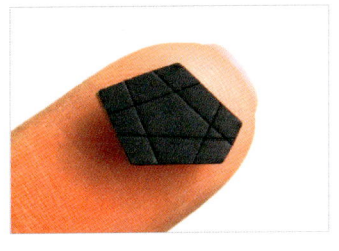  

8 각 변 2mm 안쪽에 라인을 살짝 그린다.

9 라인에서부터 비스듬히 잘라낸다.

10 같은 방법으로 나머지 하나도 작업한다.

11 점토를 110도 오븐에 10분간 굽는다.

12 귀걸이 포스트를 준비해 순간접착제로 붙인다.

13 허니비 귀걸이 완성.

Gradient Color
Earrings with
Shiny Pearl
Powder

그러
데이션
펄 귀걸이

준비물　　◆__ 폴리머클레이 (청록색, 민트색)

　　　　　　　Y__ 귀걸이 포스트 (볼), O링, 펄(진주), UV레진, 마름모 프레임

1 청록색, 민트색 점토를 머신 두께 1로 가로 30mm, 세로 20mm로 만든다.

2 각 점토를 대각선으로 자른다.

3 같은 색 끼리 겹친 후 다른 색 점토를 대각으로 붙여 원래 크기의 직사각형으로 만든다.

4 칼로 가로 방향으로 반을 자른다.

5 자른 두 점토를 겹친다.

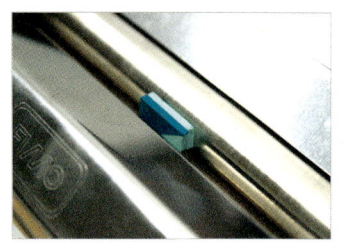 

6 머신 두께 3으로 그러데이션을 한다.

7 마름모 모양의 프레임을 준비한다.

8 프레임 크기에 맞게 점토를 칼로 잘라낸다.

9 프레임에 점토를 채운다.

10 펄을 준비한다. 흰색 계열의 펄을 사용해야 점토색이 잘 보인다.

펄을 안 바른 점토　　펄을 바른 점토

11　붓으로 펄을 얇게 점토에 바른다.

12　펄을 바른 것과 안 바른 점토는 느낌 차이가 크게 난다.

13　펄을 바른 후 110도 오븐에 10분 굽는다.

14　점토 위에 UV레진 코팅하고 3분간 경화 후 O링으로 귀걸이 포스트를 연결한다.

15　그러데이션 펄 귀걸이 완성.

Faux
Turquoise
Stone
Earrings

터키석
귀걸이

준비물　◆__ 폴리머클레이 (하늘색)

　　　　　Y__ 귀걸이 포스트, 아크릴 물감, 랩

1 랩 위에 하늘색 점토를 불규칙한 사이즈로 떼어낸다.

2 검은색 아크릴 물감을 점토 위에 짠다.

3 점토 표면에 물감을 골고루 묻힌다.

4 랩으로 감싼 후 공 모양으로 뭉친다.

5 귀걸이 포스트를 준비한다.

6 공 모양으로 뭉친 점토를 귀걸이 판 크기에 맞게 길게 반죽한다.

7 반을 잘라 문양을 확인한다.

 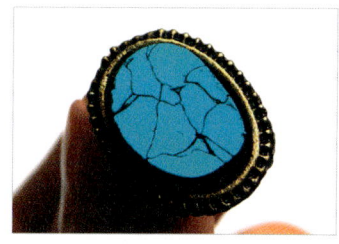 

8 같은 두께로 두 조각 자른다.   **9** 귀걸이 판 위에 얹어 사이즈를 확인한다.

10 가장자리를 손으로 눌러 판에 채운다.   **11** 가운데 부분을 가장 높은 돔 형태로 모양을 잡고 110도 오븐에 10분 굽는다.

12 터키석 귀걸이 완성.

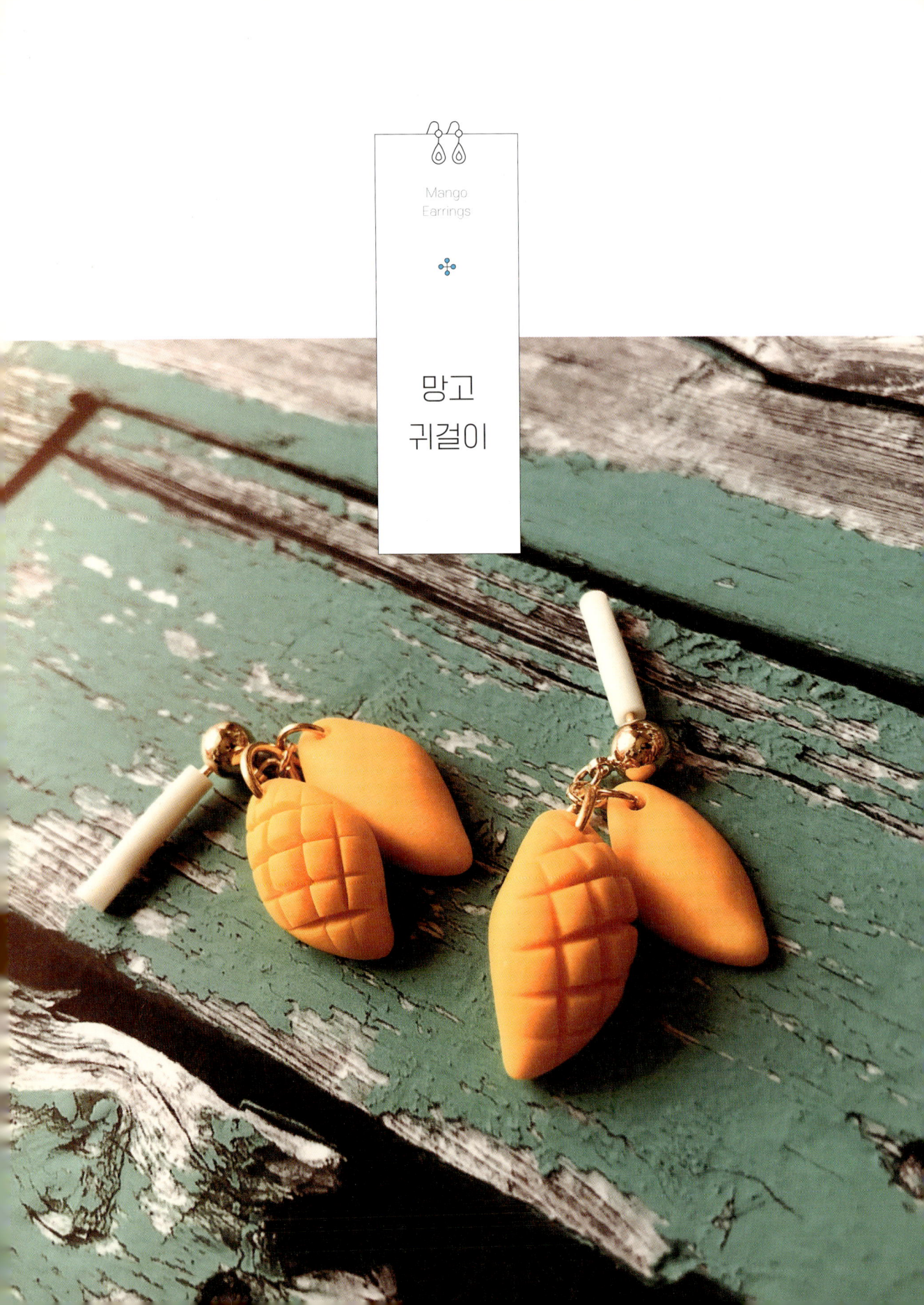

Mango
Earrings

망고
귀걸이

준비물 ◆__ 폴리머클레이 (귤색)

ⵏ__ 귀걸이 포스트 (볼), 송곳, O링

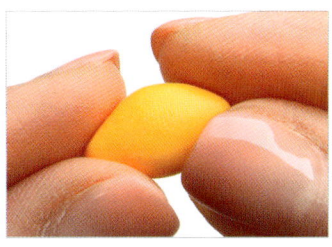

1 귤색 점토를 반죽하여 손으로 끝을 잡아당겨 럭비공 모양이 되도록 만든다.

2 칼로 점토를 반 자른다.

3 자른 점토의 둥근 면이 위로 올라오게 놓는다.

4 격자무늬 칼을 점토 중간 깊이까지 넣어 가로세로 칼집을 낸다.

5 같은 방법으로 하나 더 만든다.

6 칼집을 낸 점토는 뒷면 중앙을 살짝 눌러 칼집이 벌어지게 한다.

7 110도 오븐에 10분 구운 후 귀걸이 포스트와 O링을 이용해 연결한다.

8 망고 귀걸이 완성

Pineapple
Earrings

파인애플
귀걸이

준비물 ◆__ 폴리머클레이 (노란색, 초록색)

　　　　　❣__ 귀걸이 포스트, 곡선 칼, UV레진

1　노란색 점토를 반죽하여 바닥이 납작한 달걀모양을 두 개 만든다.

2　칼로 눌러 바둑판무늬를 찍는다.

3　초록색 점토를 길이 10mm 이하로 가늘게 여러 개 만든다.

4　한 쪽 끝을 붙여 부채꼴 모양으로 만든다.

5　붙인 쪽을 곡선 칼로 잘라 표면을 둥글게 만든다.

6　노란색 점토에 붙인다.

7　순간접착제로 귀걸이 포스트를 붙인다.

8　앞면에는 UV레진을 발라 UV램프에 3분 경화하여 파인애플 귀걸이를 완성한다.

Lemon Cane
Earrings

레몬 케인
귀걸이

    ◆＿ 폴리머클레이 (연 노란색, 노란색) (반투명 노란색)

              ✌＿ 귀걸이 포스트, 바늘, T핀, O링

1 반투명 노란색 점토로 높이 15mm, 지름 30mm인 원기둥으로 만든다.

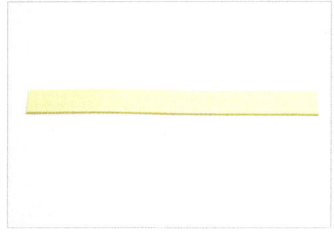

2 연 노란색 점토를 머신 두께 4로 폭 15mm 띠를 만든다.

3 앞에서 만든 원기둥에 띠를 한 겹 두른다.

4 연 노란색 띠를 두른 원기둥을 양 엄지와 검지로 눌러가며 120mm 길이로 늘인다.

5 고르지 못한 양쪽 끝은 잘라 내고 길이가 100mm가 되도록 만든다.

6 100mm를 10mm 길이로 10조각 자른다.

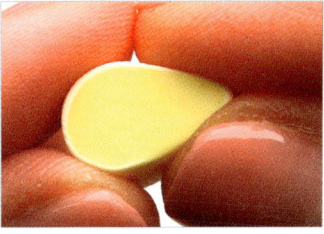

7 자른 조각 옆쪽을 손으로 꼬집듯 눌러 물방울 모양으로 만든다.

8 10개의 조각을 모두 같은 모양으로 만든 후 붙인다.

9 연 노란색 점토를 가늘고 길게 반죽한다.

10 길게 만든 연 노란색 점토를 중앙 빈 곳에 채운다.

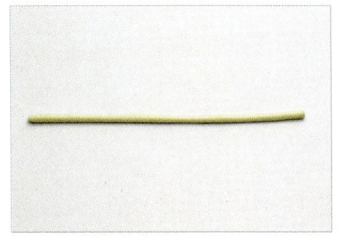

11 연 노란색 점토를 가늘고 길게 민다.

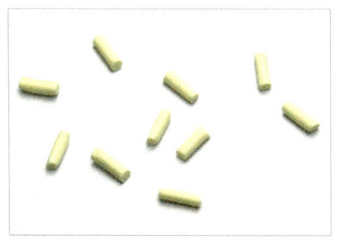

12 10mm 길이로 열 조각 자른다.

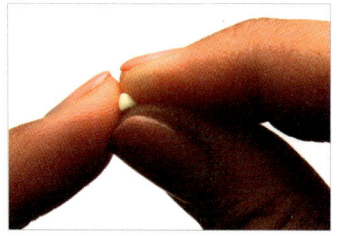

13 세 손가락으로 눌러 삼각기둥이 되도록 만든다.

14 움푹 들어간 곳을 삼각기둥 점토로 채운다.

15 연 노란색 점토를 머신 3 두께로 폭 15mm 띠를 만든다.

16 앞에서 만든 점토에 띠를 한 겹 두른다.

17 노란색 점토를 머신 두께 5로 폭 15mm 띠를 만든다.

18 앞에서 만든 점토에 띠를 한 겹 더 두른다.

19 띠를 두른 점토를 양 엄지와 검지로 눌러가며 늘인다.

20 전체 굵기가 일정하도록 유지 하며 지름이 15mm가 될 때까지 늘 인다.

21 지름 15mm가 되면 칼로 중앙 지점을 자른다.

22 두께 5mm로 두 조각 자른다.

23 바늘을 돌려가며 옆면을 뚫 는다.

24 점토를 110도 오븐에 10분간 굽는다.

25 구워낸 점토에 T핀을 꽂는다.

26 T핀을 9자 말이 한다.

27 귀걸이 포스트와 O링을 이용 해 연결한다.

28 레몬 케인 귀걸이 완성.

수박
귀걸이

준비물 ◆__ 폴리머클레이 [연 노란색, 초록색, 검은색] [반투명 빨간색]

Y__ 귀걸이 포스트 [훅], 바늘, T핀, O링, 가위, 도트봉

1 반투명 빨간색 점토로 지름 20mm인 공 모양을 만든다.

2 연 노란색 점토를 머신 두께 6으로 내린다.

3 반투명 빨간색 점토를 한 겹 감싼다.

4 남거나 겹치는 부분을 가위로 잘라낸다.

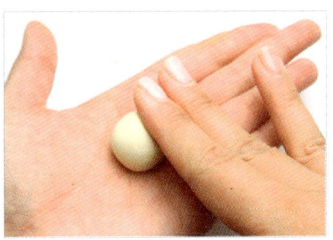

5 갈라낸 부분은 손바닥 위에서 굴려 매끄럽게 만든다.

6 초록색 점토를 머신 두께 6으로 내린다.

7 연 노란색 점토를 한 겹 더 감싼다.

8 남거나 겹치는 부분은 가위로 잘라낸다.

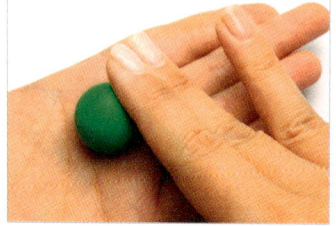

9 잘라낸 부분을 손바닥 위에서 굴려 매끄럽게 만든다.

10 점토를 칼로 반 자른다.

11 잘린 반원 형태의 점토를 한 번 더 자른다.

12 위에서 자른 점토를 한 번 더 잘라 처음 공 모양에서 1/8 조각 두 개를 만든다.

13 빨간색 점토 부위를 도트봉으로 눌러 움푹 파이게 만든다.

146

14 검은색 점토를 파인 곳에 채 **15** 같은 모양으로 두 개를 만든다.
워 넣는다.

16 점토 중심을 바늘로 뚫는다. **17** 점토를 110도 오븐에 10분간
굽는다.

18 T핀을 꽂아 9자 말이 한 후 귀걸이 포스트를 연결하면 수박 귀걸이
가 완성된다.

Sea
Ballmarker

바다
볼마커

준비물　　　◆＿　폴리머클레이 (흰색, 하늘색) (반투명 흰색)

　　　　　　　▼＿　볼마커 부자재 (판, 핀), 불가사리 장식, 순간접착제, UV레진

1　볼마커 부자재 판을 준비한다.

2　흰색, 하늘색 점토를 각각 가로 30mm, 세로 20mm 직사각형으로 만들고 대각선으로 자른다.

3　흰색, 하늘색 점토 한 조각씩을 합쳐 가로 30mm, 세로 20mm 직사각형으로 만든다.

4　칼로 가로 방향으로 절반 자른다.

5　자른 두 점토를 겹친다.

6　머신기로 그러데이션 한 후 두께 6으로 내린다.

7　반투명 흰색 점토를 지름 10mm, 길이 50mm 원기둥으로 만든다.

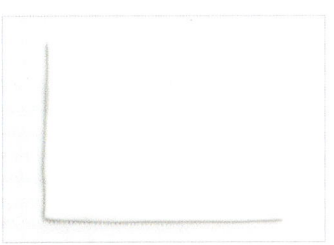

8　흰색 점토를 머신 두께 4로 밀어낸다.

9 반투명 흰색 원기둥에 흰색 점토를 한 겹 두른다.

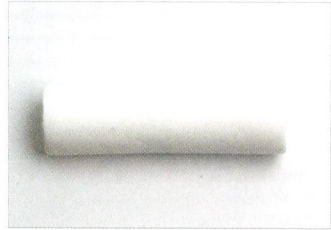

10 점토를 길게 늘인다.

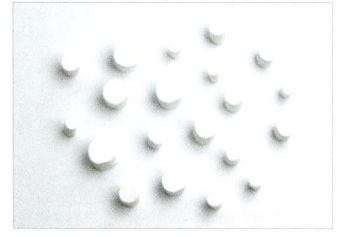

11 같은 높이 다른 지름으로 다양하게 점토를 자른다.

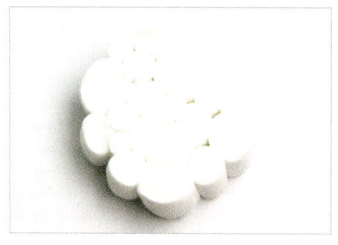

12 원기둥 형태의 점토를 하나로 뭉친다.

13 가장자리를 눌러주어 준비한 볼마커 부자재 판 지름보다 약간 큰 원기둥으로 만든다.

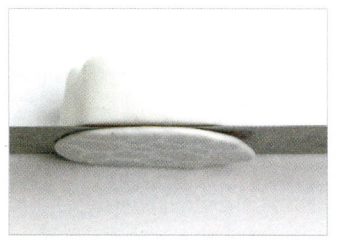

14 칼로 최대한 얇게 포 뜨듯 자른다. 얇게 자를수록 뒷면에 들어가는 바탕색이 잘 보인다.

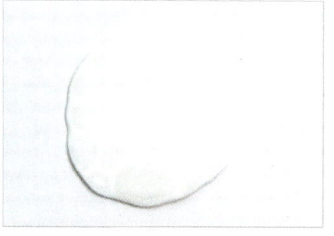

15 앞에 만들어 놓은 그러데이션 점토 위에 얹는다.

16 두 점토가 붙도록 밀대로 민다.

17 볼마커 부자재 판을 뒤집어 눌러 점토 위에 자국을 낸다.

18 자국을 따라 원형으로 자른다.

19 볼마커 부자재 판에 점토를 채운다.

20 110도 오븐에 10분간 굽는다.

21 불가사리를 원하는 위치에 순간접착제로 붙인다.

22 전체적으로 UV레진을 얹고 UV램프로 3분간 경화한다.

23 볼마커 부자재 핀을 준비한다.

24 둘을 붙이면 바다 볼마커가 완성된다.

Wave Stripe
Smarttok

물결
스마트톡

준비물   ♦__ 폴리머클레이 (청록색, 민트색)

         ⦙__ 스마트톡 부자재, 원형 커터, 물결 칼, 순간접착제

1 청록색, 민트색 점토를 머신 두   2 물결 칼을 사용해 일정한 간격으로 라인을 찍는다. 바로 자르지 말고 전체
께 1로 밀어낸다.   적으로 라인을 잡아놓은 후 자르면 더 일정하게 자를 수 있다.

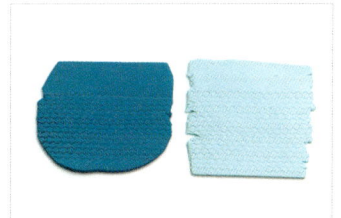

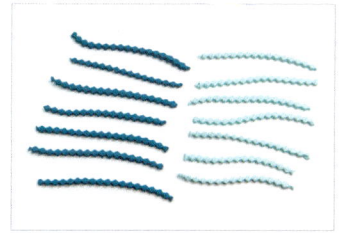

3 물결 칼로 점토를 자른다.   4 청록색, 민트색을 번갈아 가면   5 원형 커터로 점토를 찍는다. 커
                                  서 붙인다.   터의 지름은 스마트톡과 같은 지름을 사용
                                                                    한다.

6 원형 커터로 찍어낸 점토를 스   7 점토를 스마트톡에서 분리하여   8 구워낸 점토를 붙이면 물결 스
마트톡 위에 얹어 사이즈가 맞는지   110도 오븐에 10분 굽는다. 스마트   마트톡이 완성된다.
확인한다.   톡과 점토를 함께 구우면 스마트톡이 녹을
                                   수 있으니 주의한다.

─────── Autumn Custom Accessories ───────

가을 액세서리

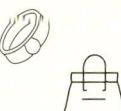

준비물　　　◆＿ 폴리머클레이 (황갈색)

　　　　　 ▼＿ 귀걸이 포스트, 자개, 리퀴드, 이쑤시개, O링

1　황갈색 점토를 머신 두께 1로 밀어낸다.

2　원형 커터로 두 개의 원을 찍는다.

3　자개를 얹고 싶은 위치에 리퀴드를 바른다.

4　리퀴드 위에 이쑤시개로 자개를 하나하나 얹는다. 리퀴드는 폴리머클레이와 함께 오븐에 구워야 붙기 때문에 굽기 전까지 수정이 가능하다.

5　O링을 연결하기 위한 위치에 구멍을 뚫는다.

6　110도 오븐에 10분간 구워낸 후 귀걸이 포스드와 O링으로 연결한다.

7　자개 귀걸이 완성.

Cube Drop
Earrings

큐브 드롭
귀걸이

준비물　　　◆＿　폴리머클레이 (빨간색, 주황색, 노란색)

Y＿　귀걸이 포스트 (볼), 바늘, 볼핀, O링, 체인

1　노란색, 주황색, 빨간색 점토로 같은 크기의 공 모양으로 각 두 개씩 만든다.

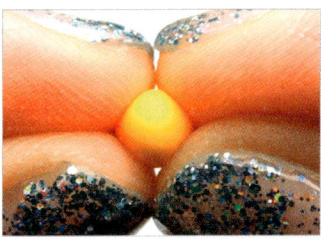

2　양 엄지와 검지로 공 모양의 점토를 꼬집듯 누르며 육면체 모양으로 만든다.

3　모두 같은 모양으로 만든다.

4　육면체의 꼭짓점에서 반대쪽 꼭짓점으로 바늘을 통과한 후 110도 오븐에 10분 굽는다.

5　볼핀을 구워낸 육면체에 끼운다.

6　볼핀을 9자 말이 한다.

7　체인을 다른 길이로 자르고 체인에 육면체를 연결한다

8　O링에 귀걸이 포스트와 체인을 연결하면 큐브 드롭 귀설이가 완성된다.

Goldline Disc
Stud Earrings
with Tassel

골드 라인
태슬
귀걸이

◆__ 폴리머클레이 (반투명 흰색)

Y__ 귀걸이 포스트 (판), 금박, 원형 커터, O링, 태슬, 순간접착제

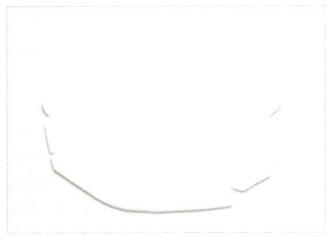

1   반투명 흰색 점토를 머신 두께 3으로 밀어낸다. [86쪽] 골드 라인 레이스 귀걸이를 만들다가 남은 점토를 사용해도 된다.

2   반투명 흰색 점토 위에 금박을 얹고 반으로 자른다.

3   자른 점토를 금박, 점토, 금박, 점토 순으로 겹친다.

4   두 번 더 자르고 겹치기를 반복한다.

5   점토를 3mm 두께로 자른다.

6   원형 커터로 두 개의 원을 찍어낸 후 110도 오븐에 10분간 굽는다.

7   귀걸이 포스트를 붙이고 O링으로 태슬을 연결한다.

8   골드 라인 태슬 귀걸이 완성.

Glow Skull
Earrings

야광 해골
귀걸이

준비물　　　◆__ 폴리머클레이 (야광 점토)

　　　　　　　 ❣__ 귀걸이 포스트 (판), 유성 펜, 순간접착제

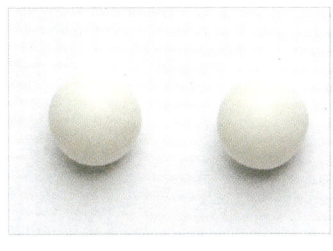

1　야광 점토를 같은 크기 공 모양
으로 두 개 만든다.

2　손가락으로 눌러 납작하게 만든다.

3　점토를 110도 오븐에 10분 굽
는다.

4　점토를 식힌 후 유성 펜으로 해
골 얼굴을 그린다.

5　어두운 공간에서 발광한다.

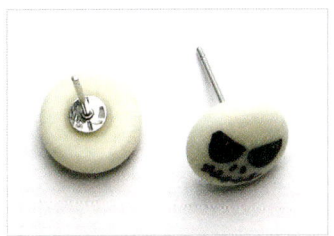

6　귀걸이 포스트를 뒷면에 순간
접착제로 붙인다.

7　야광 해골 귀걸이 완성.

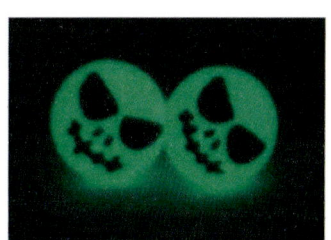

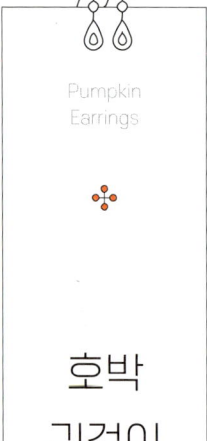

Pumpkin
Earrings

호박
귀걸이

준비물 ◆__ 폴리머클레이 (주황색, 황갈색, 연두색)

 __ 귀걸이 포스트 (훅), 바늘, T핀, O링, 도트봉, 플라스틱 칼

1 황갈색, 주황색 점토를 1:2 비율로 섞어 지름 15mm 공 모양 두 개를 만든다.

2 위아래를 손가락으로 눌러 살짝 납작한 모양으로 만든다.

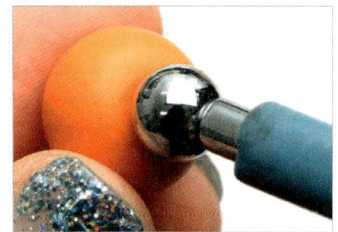 

3 납작해진 부분을 도트봉으로 움푹 파이도록 누른다.

4 반대편 납작한 부분도 모두 같게 도트봉으로 누른다.

5 플라스틱 칼로 옆쪽을 여덟 등분하여 라인을 그린다.

6 같은 방법으로 두 개를 만든다.

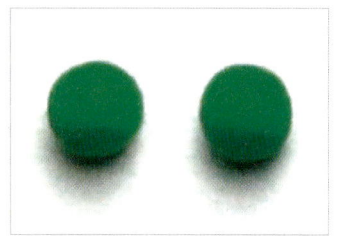  

7 연두색 점토로 지름 3mm 공 모양을 두 개 만든다.

8 공 모양 점토를 납작하게 누른다.

9 칼로 별 모양으로 잘라낸다.

10 같은 방법으로 두 개를 만든다.

11 별 모양 점토를 호박 위에 얹는다.

12 연두색 점토로 지름 2mm, 높이 3mm 원기둥을 만들어 얹는다.

13 바늘로 호박을 뚫는다.

14 점토를 110도 오븐에 10분간 굽는다.

15 T핀을 꽂아 9자 말이 한다.

16 귀걸이 포스트를 연결한다.

17 호박 귀걸이 완성.

Mosaic
Compact
Mirror,
Earrings

모자이크
손거울,
귀걸이

준비물　◆＿ 폴리머클레이 (흰색, 검은색, 버건디색, 보라색, 노란색)

　　　　 ﹀＿ 손거울 부자재, 귀걸이 포스트 (볼), 바늘, 0링

1 검은색, 흰색 점토를 머신 두께 8로 넓게 준비한다.

2 두 가지 색을 겹친다.

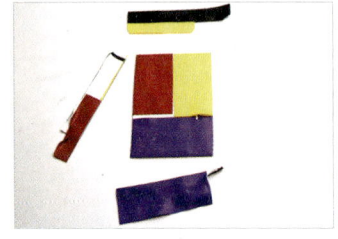

3 버건디색, 보라색, 노란색 점토를 머신 두께 8로 검은색과 흰색 크기보다 작은 크기로 준비한다.

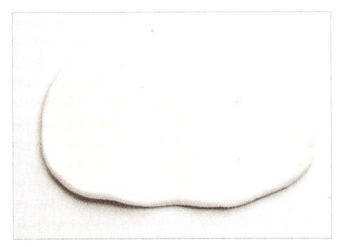

4 버건디색, 보라색, 노란색 점토를 검은색과 흰색 점토를 겹친 위에 붙인다.

5 세 가지 색이 겹치지 않는 부분은 잘라낸다.

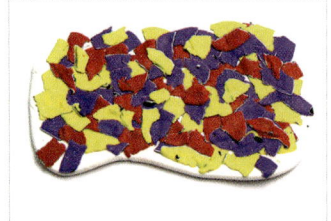

6 흰색 점토를 머신 두께 4로 넓게 밀어낸다.

7 색이 겹친 점토를 찢어 흰색 점토 위에 모자이크하듯 올린다.

8 밀대로 밀어 표면을 매끄럽게 만든다.

9 손거울 부자재를 준비한다.

10 손거울 부자재에 맞는 사이즈로 잘라 올린다.

11 110도 오븐에 10분간 굽는다.

12 사용하고 남은 점토를 겹쳐 직사각형을 두 개 만든다.

13 바늘로 구멍을 뚫고 110도 오븐에 10분 굽는다.

14 오링으로 귀걸이 포스트와 연결한다.

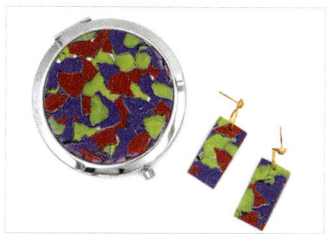

15 모자이크 손거울과 귀걸이 완성.

Retro Square
Necklace

레트로
스퀘어
목걸이

준비물　　　♦＿　폴리머클레이 (레더-황토색, 황갈색, 갈색, 연두색, 회색)

　　　　　　Y＿　프레임, 양고리 장식, 목걸이 부자재 (체인, 게고리, 꼬리체인), O링

1　프레임을 준비한다.

2　다양한 색의 레더를 넘치지 않을 양으로 조금씩 뜯어 프레임 공간에 넣는다.

3　점토를 손가락으로 꾹꾹 누른다.

4　나머지 점토도 같은 방법으로 누른다.

5　130도 오븐에 10분 굽는다. 폴리머클레이 레더는 굽는 온도가 일반 폴리머클레이에 비해 높다.

6　펜던트와 O링, 양고리 장식, 목걸이 부자재 순으로 연결한다.

7　레트로 스퀘어 목걸이 완성.

Acorn
Necklace

도토리
목걸이

준비물   ◆__ 폴리머클레이 (갈색)

ⵛ__ 도토리 뚜껑, 핀 바이스, O링, 끈

1 갈색 점토를 공 모양으로 만든다.

2 점토를 꼬집어 한쪽이 뾰족하게 만든다.

3 도토리 뚜껑에 점토를 끼우고 모양을 다듬는다.

4 110도 오븐에 10분 굽는다.

5 핀 바이스로 도토리 뚜껑을 뚫는다.

6 도토리 뚜껑에 오링을 연결한다.

7 원하는 목걸이 길이의 끈을 준비한다.

8 오링에 끈을 끼워 도토리 목걸이를 완성한다.

Gold Marble
Ball Necklace

골드 마블
볼 목걸이

준비물　　◆＿ 폴리머클레이 (반투명 흰색, 돌 효과 점토)

　　　　　♥＿ 금색 아크릴 물감, 금 펄, 붓, 물티슈, 바늘, 9핀, 목걸이 부자재 (체인, 게고리, 꼬리체인)

1 반투명 흰색 점토를 지름 10mm로 반죽하여 준비한다.

2 금색 아크릴 물감을 점토 위에 바른다.

3 아크릴 물감이 마르도록 기다린다.

4 표면이 마른 점토는 칼로 작게 자른다.

5 금 펄을 점토 위에 뿌린다.

6 표면에 금 펄을 골고루 묻힌다.

7 점토를 모아 공 모양으로 뭉친다.

8 지름 10mm가 되도록 길게 반죽한다.

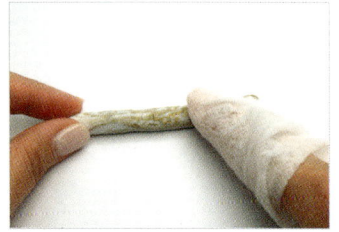

9 표면에 묻은 금 펄을 물티슈로 닦아낸다.

10 7mm 간격으로 잘라낸다.

11 점토를 공 모양으로 만든다.

12 바늘로 구멍을 뚫는다.

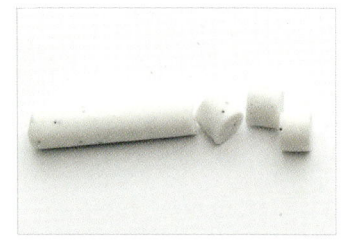

13 돌 효과가 나는 점토를 지름 10mm로 밀고 7mm 폭으로 잘라낸다.

14 공 모양으로 만들어 바늘로 뚫는다.

15 점토를 110도 오븐에 10분간 굽는다.

16 세 개의 구슬을 9핀에 꽂는다.

17 핀을 9자 말이 한다.

18 목걸이 부자재를 연결한다.

19 체인을 연결하여 골드 마블 목걸이를 완성한다.

Leather Tassel
Keyring

가죽
태슬
키링

준비물   ◆__ 폴리머클레이 (레더 갈색)

 송곳, 자, 가위, 순간접착제, N형 키링

1   레더 갈색을 머신 두께 7로 가로 120mm, 세로 80mm 직사각형으로 만들고 130도 오븐에 10분 굽는다.

2   구워낸 점토에 송곳으로 밑그림을 그리고 자를 대고 칼로 자른다.

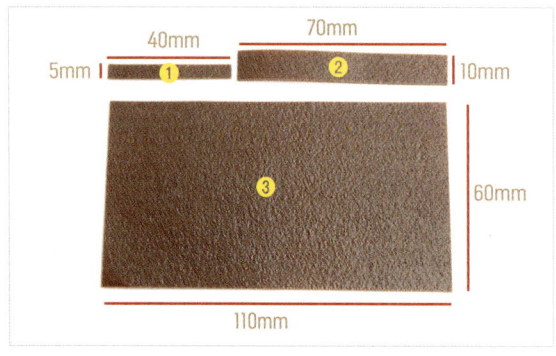

3   ① 키링과 연결하기 위한 고리 ② 태슬 윗부분을 두를 띠 ③ 태슬의 술

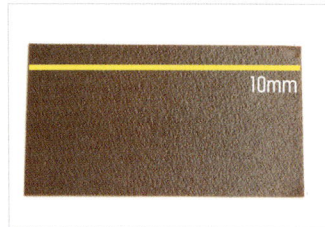 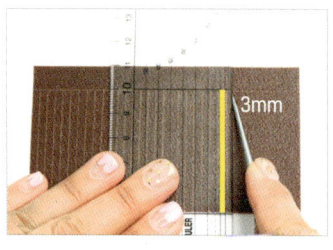

4   ③을 준비하고 송곳으로 폭 10mm 가로 라인을 그린 후 폭 3mm 세로 라인을 그린다.

 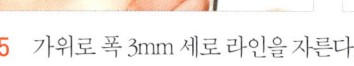  

5   가위로 폭 3mm 세로 라인을 자른다.

6   D형 키링을 준비한다.

7 ①의 끝에 순간접착제를 바른다.

8 D형 키링에 통과 후 양끝을 붙인다.

9 ③의 끝부분에 순간접착제를 바르고 D형 키링을 끼운 고리①을 붙인다.

10 순간접착제를 발라 끝까지 돌돌 말아 붙인다.

11 돌돌 말아준 고리에 순간접착제를 바르고 ②를 둘러 붙인다.

12 태슬 키링 완성.

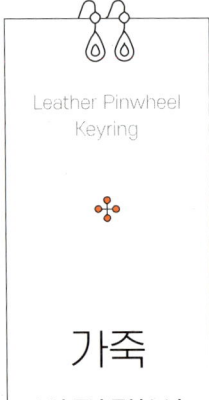

Leather Pinwheel
Keyring

가죽
바람개비
키링

준비물　◆＿ 폴리머클레이 (레더 진분홍색, 연두색)

Y＿ 송곳, 자, 가위, 순간접착제, D형 키링, 볼핀, 꽃볼론델, 체인, O링

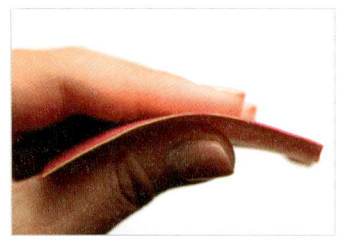

1 레더 진분홍색, 연두색을 머신 두께 8로 가로 50mm, 세로 50mm 정사각형을 만든다.

2 두 점토를 겹친 후 머신 두께 8로 밀어낸다.

3 점토를 130도 오븐에 10분 굽는다. 폴리머클레이 레더는 굽는 온도가 일반 폴리머클레이에 비해 높다.

4 칼로 가로 40mm, 세로 40mm 정사각형으로 자른다.

5 송곳으로 중심에서 10mm 떼어 꼭짓점까지 라인을 그린다.

6 라인을 따라서 가위로 자른다.

7 중앙에 순간접착제를 바르고 바람개비 접듯 점토를 접는다.

8 바람개비 중앙을 송곳으로 뚫고 꽃볼론델, 볼핀 순으로 꽂는다.

9 볼펜을 90도 꺾은 후 9자 말이 한다.

10 남은 점토로 나뭇잎을 만들어 체인에 O링으로 연결하고 D형 키링을 연결한다.

11 가죽 바람개비 키링 완성.

Knitted
Cherry
Brooch

꼬임 앵두
브로치

준비물　　◆__ 폴리머클레이 (빨간색, 버건디색, 반투명 빨간색)

　　　　　　Y__ 앵두 브로치 부자재, 원형 커터

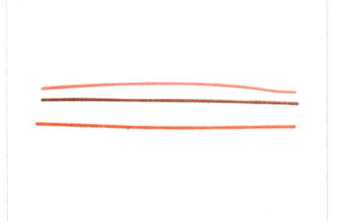

1 빨간색, 버건디색, 반투명 빨간색 점토를 지름 2mm로 밀어낸다.

2 세 가지 색 점토를 나란히 겹친다. 같은 방법으로 두 개 만든다.

3 왼손은 고정하고 오른손을 위로 올리면서 점토를 꼬아준다.

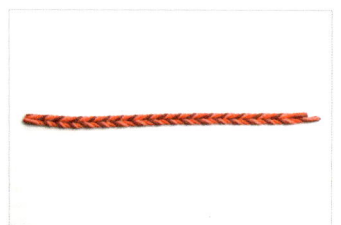

4 다른 하나는 왼손은 고정하고 오른손을 아래로 내리면서 점토를 꼬아준다.

5 꼰 두 점토를 나란히 붙인다.

6 25mm 길이로 네 개, 20mm 길이로 세 개 자른다.

7 같은 길이 점토를 나란히 붙인다.

8 앵두 브로치 부자재를 준비한다.

9 앵두 알 크기와 같은 원형 커터로 찍어낸다.

10 앵두 브로치 프레임을 점토로 채운다.

11   같은 방법으로 나머지를 채우 고 110도 오븐에 10분 굽는다.

12   꼬임 앵두 브로치 완성.

Stripe
Ring

믹스
반지

준비물　　　◆__　폴리머클레이 (사용하고 남은 다양한 색)

　　　　　　Y__　반지 부자재

1　사용하고 남은 믹스 된 점토를 가늘고 길게 밀어 준비한다. 두께는 자유롭게 밀어도 된다.

2　7mm 길이로 자르고 나란히 붙인다.

3　밀대로 밀어 납작하게 만든다.

4　반지 폭에 맞게 잘라낸다.

5　반지 부자재에 점토를 채우고 끝부분은 겹치지 않게 잘라낸다.

6　110도 오븐에 10분 굽는다.

7　다른 디자인의 반지 부자재를 사용해 본다.

8　믹스반지 완성.

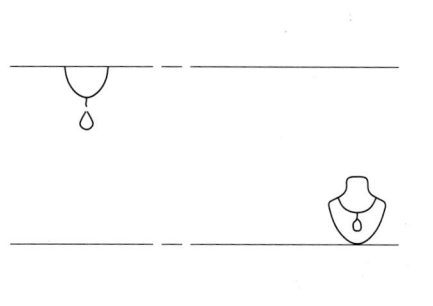

—————— Winter Custom Accessories ——————

겨울 액세서리

Bungeoppang
Earrings

붕어빵
귀걸이

준비물　　◆__　폴리머클레이 (베이지색)

　　　　　　　▼__　실리콘 몰드, 파스텔, 붓, 귀걸이 포스트 (판)

1　베이지색 점토를 공 모양으로 만든다.

2　붕어빵 모양의 실리콘 몰드를 준비한다. 플라스틱 등 단단한 몰드의 경우 찍은 후 점토를 빼내기 어렵기 때문에 실리콘 몰드를 권장한다.

3　점토를 얹고 강한 힘으로 누른다.

4　몰드를 양손으로 벌려 점토를 빼낸다.

5　같은 모양으로 두 개 만든다.

6　황갈색, 황토색, 베이지색 파스텔을 갈아 붓으로 바른다.

7　점토를 110도 오븐에 10분 굽는다.

8　귀걸이 포스트를 준비하여 순간접착제로 붙인다.

9　붕어빵 귀걸이 완성.

Hologram Circles
Earrings

홀로그램
서클
귀걸이

준비물   ◆__ 폴리머클레이 (검은색)

                ❧__ 귀걸이 포스트 (판), 홀로그램 스티커, UV레진, 네일 파일 or 사포

1 검은색 점토를 머신 두께 1로 밀어낸다.

2 원형 커터로 두 개의 원을 찍어내고 110도 오븐에 10분 굽는다.

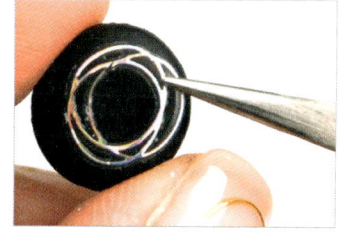

3 홀로그램 스티커를 붙인다.

4 스티커 라인에 맞게 네일 파일 또는 사포로 점토를 갈아낸다.

5 귀걸이 포스트를 순간접착제로 붙인다.

6 UV레진을 얹고 UV램프에 3분간 경화하면 홀로그램 서클 귀걸이가 완성된다.

준비물 ♦__ 폴리머클레이 (검은색)

▼__ 귀걸이 포스트 (판), 펄, 붓, 원형 커터, 이쑤시개, 순간접착제, UV레진

1 검은색 점토를 머신 두께 1로 밀어낸다.

2 점토 위에 붓으로 파랑, 보라, 빨강 계열 펄을 얇게 바른다.

3 펄 색상의 경계가 보이지 않도록 자연스럽게 바른다.

4 원형 커터로 두 개 찍어낸 후 110도 오븐에 10분 굽는다.

5 펄이 발린 뒷면에 순간접착제로 귀걸이 포스트를 붙인다.

6 펄이 발린 뒷면에 순간접착제로 귀걸이 포스트를 붙인다.

7 우주 귀걸이 완성.

Faux Pearl
Necklace,
Earrings

펄 진주
목걸이,
귀걸이

준비물   ◆__ 폴리머클레이 (진주색)

　　　　　Y__ 펄, 붓, 이쑤시개, 목걸이 부자재(체인, 게고리, 꼬리체인), 펜던트 홀더

1 진주색 점토를 공 모양으로 만든다.

2 점토 한쪽 옆 부분을 꼬집듯 빼 둥근 물방울 모양으로 만든다.

3 진주색 펄을 붓으로 골고루 얇게 바른다.

4 이쑤시개로 끝부분을 뚫고 110도 오븐에 10분 굽는다.

5 뚫어 놓은 구멍에 펜던트 홀더를 끼운다.

6 펜던트 홀더와 체인을 연결한다.

7 진주 펄을 바른 후 귀걸이 펜던트를 붙여 귀걸이도 만들면 펄 진주 세트 완성.

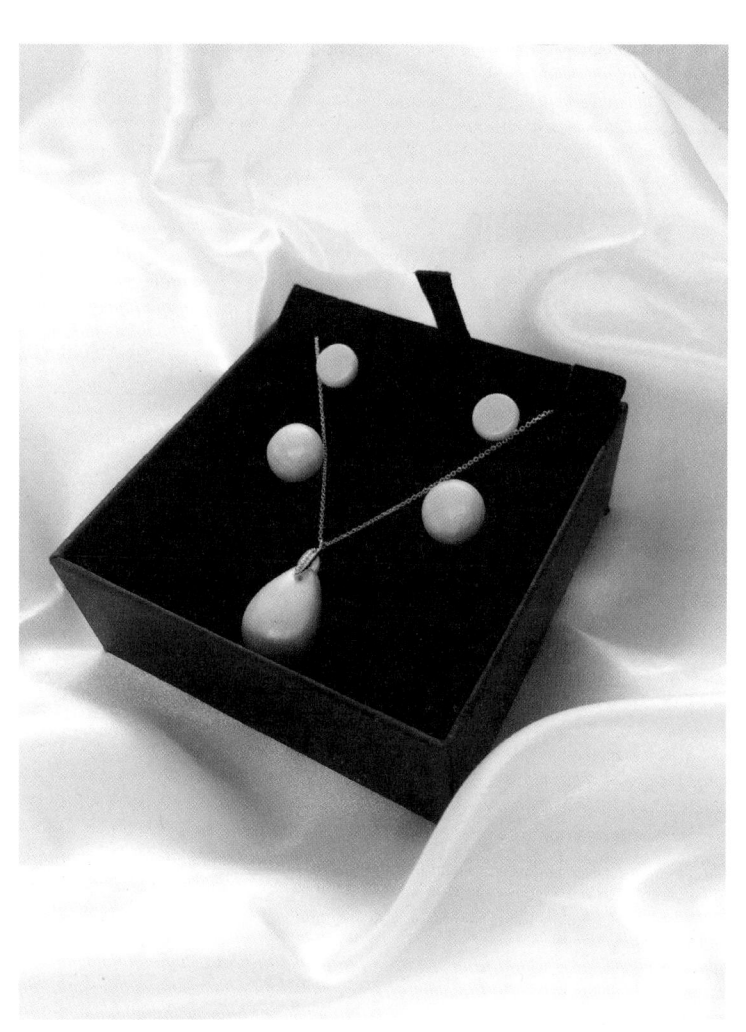

Gold Marble
Earrings

골드 마블
귀걸이

준비물

◆__ 폴리머클레이 (펄 흰색, 회색, 검은색)

Y__ 귀걸이 포스트 (볼), 금박, 프레임, 핀 바이스, O링, 진주체인, 태슬, UV레진

 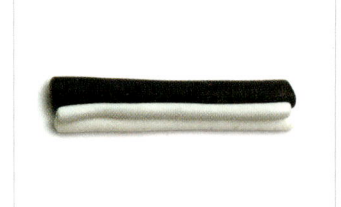 

1 펄 흰색, 회색, 검은색 점토를 가늘고 길게 밀어 같은 길이로 만든다.

2 세 가지 색의 점토를 서로 붙인 후 꼬아준다.

3 꼰 점토를 밀대로 밀어 납작하게 만든다.

4 납작하게 민 점토를 반으로 접는다.

5 같은 방법을 4~5번 반복한다.

6 금박을 손으로 뜯어 점토 표면에 절반 이상 붙인다.

7 머신 두께 3으로 점토를 밀어 낸다.

8 사각형 오픈 프레임을 준비 한다.

9 프레임에 넣고 싶은 문양이 있는 곳에 프레임을 얹고 살짝 누른다.

10 표시된 점토 라인을 따라 잘 라낸다.

11 프레임 안에 점토를 채워 넣고 110도 오븐에 10분 굽는다.

12 프레임에 앞뒤에 UV 레진을 얹고 3분간 경화한다.

13 귀걸이 포스트와 태슬을 연결 할 부분을 핀 바이스로 뚫는다.

14 귀걸이 포스트와 태슬을 O링으로 연결한다.

15 골드 마블 귀걸이 완성.

16 물방울 모양 펜던트에 남은 점토를 채워 넣는다.

17 진주 체인을 연결한다.

18 한 번 작업하면 많은 양의 점토가 나오기 때문에 여러 가지 액세서리를 만들 수 있다.

Gold Leaf
Necklace,
Earrings

골드 리프
목걸이,
귀걸이

준비물　　◆＿ 폴리머클레이 (검은색)

　　　　　　Y＿ 귀걸이 포스트 (판), 금박, 원형 커터, 유광바니시, 붓, 스웨이드 끈

1 검은색 점토를 밀대로 밀어 3mm 두께로 만든다.

2 점토를 금박 위에 붙였다 떼어내 금박을 점토에 묻힌다.

3 점토와 금박이 잘 붙도록 밀대로 밀어준다.

4 머신 두께 5로 점토를 밀어낸다.

5 검은색 점토를 공 모양으로 만든다.

6 공 모양으로 만든 점토 위에 금박이 붙은 점토를 찢어 전체를 감싼다.

7 점토를 손바닥으로 굴려 표면을 매끄럽게 한 후 손바닥으로 눌러 납작하게 만든다.

8 원형 커터로 점토 중심에서 살짝 옆으로 치우치게 찍어낸다.

9 커터로 잘린 면을 손으로 다듬고 가장자리를 매만져 물방울 모양으로 만든다.

10 점토를 110도 오븐에 10분간 굽는다.

11 점토가 식으면 붓으로 유광바니시를 바른다.

12 유광바니시가 마를 때까지 기
다린다. 유광바니시는 UV레진보다 광이
적지만 자연 건조되기 때문에 UV램프가 없
을 때 사용하기 좋다.

13 스웨이드 끈을 걸어 매듭짓는다.

14 골드 리프 목걸이 완성.

15 목걸이와 같은 방법으로 작게
두 개의 물방울 모양을 만들고 원형
커터로 원형을 두 개 만든다.

16 귀걸이 포스트를 붙이고 O링
으로 연결하여 골드 리프 귀걸이 만
들기를 마무리한다.

17 골드 리프 세트 목걸이, 귀걸
이 완성.

Silver Leaf
Wrap Necklace

실버 리프
롤 목걸이

준비물 ◆— 폴리머클레이 (흰색, 검은색, 반투명 흰색)

　　　　 ⋎— 은박, 원형 커터, 끈, 붓, UV레진

1　흰색과 검은색 점토를 믹스해 타원형 모양을 만든다.

2　반투명 흰색 점토에 은박을 얹고 점토를 돌돌 만다.

3　점토를 얇게 잘라 위에서 만든 타원 위에 빼곡하게 붙인다.

4　밀대로 밀어 표면을 매끈하게 만든다.

5　원형 커터로 찍어 한쪽에 구멍을 만든다.

6　110도 오븐에 10분 굽는다. 반투명 흰색 점토를 사용했기 때문에 굽고 난 후 밑에 있던 색상이 비친다.

7　UV레진을 전체에 바르고 UV램프에 3분간 경화한다.

8　스웨이드 끈으로 매듭지어 실버 리프 롤 목걸이를 완성한다.

Gold-Edged
Stone
Earrings

❖

골드
엣지 스톤
귀걸이

준비물   ◆＿ 폴리머클레이 (대리석 효과)

         ⋎＿ 금 펄, 태슬, 9핀, O링, UV레진

1 대리석 효과 점토를 머신 두께 1로 밀어낸다.

2 반으로 잘라 두 점토를 겹친다.

3 같은 크기로 오각형을 두 개 자른다.

4 바늘로 점토 옆면을 뚫고 110도 오븐에 10분 굽는다.

5 9핀을 꽂는다.

6 UV레진에 금 펄을 섞는다.

7 옆면에 금 펄을 섞은 UV레진을 바르고 UV램프에 3분간 경화한다.

8 9핀을 적당한 길이로 자른 후 9자 말이 한다.

9 9자 말이 한 핀과 태슬을 연결하면 골드 엣지 스톤 귀걸이 완성.

Check Clover
Earrings

✥

체크
클로버
귀걸이

준비물 ◆__ 폴리머클레이 (빨간색, 남색, 베이지색)

◆__ 귀걸이 포스트, 클로버 모양 커터, O링, 핀 바이스

1 빨간색, 남색 점토를 머신 두께 6으로 밀어낸다.

2 폭 1~3mm로 다양하게 여러 가닥을 잘라낸다.

3 베이지색 점토를 머신 두께 1로 밀어낸다.

4 베이지색 점토 위에 빨간색, 남색 점토를 가로세로로 붙인다.

5 예쁜 문양이 나올 수 있게 위치를 선정해 커터로 두 개 찍는다.

6 점토를 110도 오븐에 10분간 굽는다.

7 핀 바이스로 구멍을 뚫는다.

8 O링으로 귀걸이 포스트와 점토를 연결하면 체크 클로버 귀걸이 완성.

Opal Wire
Necklace

오팔
와이어
목걸이

준비물

◆__ 폴리머클레이 (반투명 흰색)

Y__ 글리터, 오로라필름, 펄, 와이어, O링, 목걸이 부자재 (체인, 게고리, 꼬리체인), UV레진

1 반투명 흰색 점토와 글리터, 진주펄, 오로라필름을 준비한다.

2 점토 위에 재료들을 얹는다.

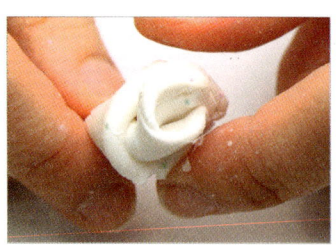

3 모든 재료를 믹스한다.

4 점토 일부분을 잘라낸다.

5 많은 양의 점토 표면에 오로라필름을 추가하여 얹는다.

6 일부 잘라낸 점토를 머신 두께 9로 얇게 밀어 덮는다.

7 납작하고 둥근 마름모 모양으로 만든다.

8 한쪽 끝에 사각형 구멍을 뚫는다.

9 110도 오븐에 10분간 굽는다. 구워내면 섞은 재료들이 점토 안에서 비춰진다. 반투명 점토의 특징이다.

10 UV레진을 얹어 UV램프에 3분간 경화한다.

11   구멍에 와이어를 두른다.

12   중간쯤에 O링을 끼워 끝까지 두른다.

13   와이어와 연결한 O링에 O링
네 개를 연결한다.

14   목걸이 부자재를 연결해 오팔
와이어 목걸이를 완성한다.

Nebula
Brooch,
Necklace

성운
부토니에,
목걸이

준비물　　◆__ 폴리머클레이 (검은색)

__ 부토니에 부자재, 목걸이 프레임, 펄, 이쑤시개, UV레진

1 검은색 점토를 머신 두께 3으로 밀어낸다.

2 원형 판이 붙은 부토니에 부자재를 준비한다.

3 점토 위에 부토니에를 뒤집어 눌러 자국을 낸다.

4 자국을 따라 잘라낸 검은색 점토를 부토니에 부자재에 채워 넣고 110도 오븐에 10분 굽는다.

5 UV레진에 다양한 색의 펄을 넣고 섞는다.

6 점토 위에 펄을 섞은 UV레진을 얹는다.

7 다양한 색상을 자유롭게 얹는다.

8 이쑤시개로 색의 경계를 원을 그리며 긁는다.

9 원하는 문양이 나올 때까지 반복한다.

10 UV램프에 3분간 경화한다.

11 UV레진을 도톰하게 얹은 후 다시 3분간 경화한다.

12 성운 부토니에 완성.

13 다각형 목걸이 프레임을 준비한다.

14 검은색 점토를 채우고 110도 오븐에 10분간 굽는다.

15 펄을 섞은 UV레진을 올리고 이쑤시개로 원을 그리며 긁어 원하는 문양을 만들고 UV램프에 3분간 경화한다.

16 UV레진을 도톰하게 얹은 후 다시 3분간 경화한다.

17 성운 목걸이 펜던트 완성.

Christmas
Keyring

크리스마스
키링

준비물 ♦__ 폴리머클레이 (빨간색, 초록색)

▼__ D형 키링, O링, T핀, 이쑤시개, 9자 말이 집게, 루돌프 장식

1 빨간색 점토를 지름 7mm로 반죽한다.

2 다양한 크기로 자른다.

3 공 모양의 구슬을 만든다.

4 이쑤시개로 구멍을 뚫는다.

5 같은 방법으로 초록색 구슬도 만든다.

6 T핀을 꽂고 9자 말이 집게로 9자 말이 한다.

7 D형 키링, O링, 루돌프 장식 등을 준비한다.

8 모두 연결하면 크리스마스 키링 완성.

폴리머클레이로 액세서리를 만드는 것에 그치지 않고 좀 더 규모 있는 소품을
만들 수 있습니다. 다양한 곳에 폴리머클레이를 활용하여 나만의 새로운 작품
을 만들 수 있도록 여러 소품을 소개합니다.

 Small Goods & Accessories

소품

Sunny side up
Lens Cap
Holder

달걀
프라이
렌즈 캡
홀더

준비물 ◆__ 폴리머클레이 [흰색, 노란색]

❣__ 한고리 원판, O링, 체인, 태슬, 게고리, UV레진, 원형 양면스티커

1 흰색 점토를 납작한 원으로 만든다.

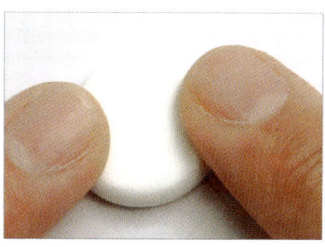

2 원하는 달걀흰자 모양을 만든다.

3 노란색 점토를 돔 형태로 만든다.

4 노란색 점토를 흰색 점토 위에 얹어 달걀프라이를 만들고 110도 오븐에 10분 굽는다.

5 한고리 원판을 달걀프라이 뒷면에 순간접착제를 발라 붙인다.

6 UV레진을 바르고 UV램프에 3분 경화한다.

7 O링, 체인, 태슬, 게고리를 연결한다.

8 원형 양면 스티커를 달걀프라이 뒷면에 붙인다.

9 달걀 프라이 렌즈 캡 홀더 완성.

Leopard Print
Pencil Set

호피 무늬
연필 세트

준비물 ◆__ 폴리머클레이 (베이지색, 황갈색, 검은색, 갈색)

∨__ 연필, 핀

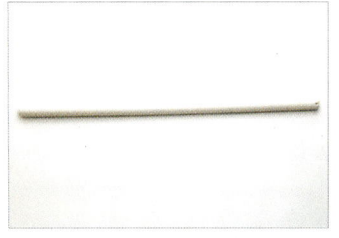

1 연필을 준비한다.

2 베이지색 점토를 머신 두께 4로 밀어낸 후 연필 길이보다 3mm 길게 자른다.

3 연필을 점토 위에 얹어 한 겹 감싼 후 손으로 굴려 경계를 없앤다.

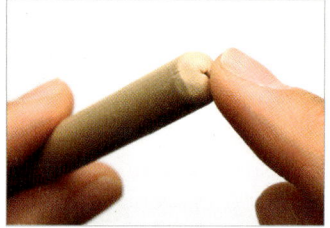

4 연필 끝에 남은 점토는 손가락으로 눌러 깔끔하게 다듬는다.

5 황갈색 점토를 머신 두께 8로 밀어낸 후 작은 조각으로 찢는다.

6 연필 위에 적당한 간격으로 붙인다.

7 검은색 점토를 머신 두께 8로 밀어낸 후 작은 조각으로 찢는다.

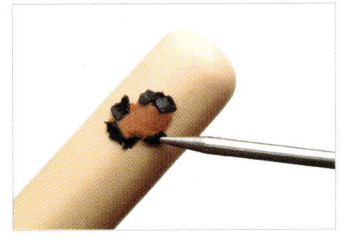 

8 황갈색 점토 가장자리에 붙인다.

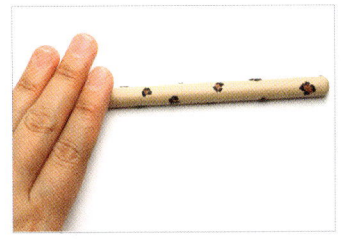  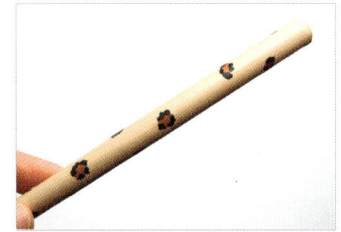

9 손바닥으로 굴려 연필 표면이 매끄러워지도록 한다.

10 갈색과 황갈색 점토로 연필을 감싼다.

11 연필을 110도 오븐에 10분간 굽는다.

12 칼로 연필을 깎아 호피 무늬 연필 세트를 완성한다.

Ring Holder

반
지
걸
이

1 검은색 점토를 길쭉하게 반죽한다.

2 흰색 점토를 뜯어 일정한 간격으로 붙인다.

3 점토를 한쪽으로 비튼다.

4 점토를 바닥에 두고 손바닥으로 굴려 길이를 늘인다.

5 점토를 반으로 접는다.

6 점토를 꼬아준다.

7 같은 방법을 세 번 반복한다.

8 점토를 둥글게 말아준다.

9 밀대로 밀어 둥글납작하게 만든다.

10 육각형 모양이 되도록 칼로 자른다.

11 육각형으로 자르고 남은 점토를 공 모양으로 만든다.

12 끝부분을 손바닥 사이에 두고 밀어 뿔 모양으로 만든다.

13 반대쪽은 손가락으로 다듬어 평평하게 만든다.

14 같은 방법으로 원뿔을 하나 더 만든다.

15 110도 오븐에 20분 굽는다. 기존에 만들었던 액세서리보다 크기 때문에 굽는 시간을 늘린다.

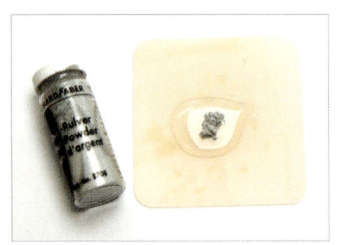

16 UV레진에 은색 펄을 섞는다.

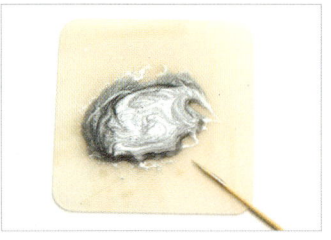

17 육각형 모서리 면에 은색 펄을 섞은 UV레진을 바른다.

18 UV램프에 3분간 경화한다.

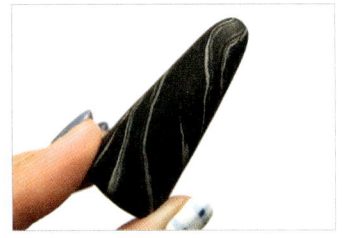

19 원뿔 끝에 은색 펄을 섞은 UV레진을 바른다.

20 UV램프에 3분간 경화한다.

21 반지 걸이 완성.

Heart
Straight Pin

하트
시침핀

준비물 ◆＿ 폴리머클레이〔빨간색〕

⚭＿ 시침핀, 플라스틱 칼, 니퍼, 순간접착제

1 빨간색 점토를 지름 3mm 공 모
양으로 만든다.

2 점토 한쪽 옆 부분을 꼬집듯 빼
물방울 모양으로 만든다.

3 둥근 부분 중앙을 플라스틱 칼
로 누른다.

4 손가락으로 다듬어 하트 모양
을 만든다.

5 니퍼로 시침핀의 머리를 잘라
낸다.

6 머리를 잘라낸 쪽을 점토에 끼
운다.

7 110도 오븐에서 10분 굽는다.

8 하트와 시침핀을 분리해 시침
핀에 순간접착제를 발라 다시 끼
운다.

9 하트 시침핀 완성.

Photo
Holder

포토
홀더

준비물　　◆＿ 폴리머클레이 (검은색, 회색, 연 노란색, 연보라색, 연주황색, 민트색)

◡＿ 모양 커터

1 검은색 점토를 가로 40mm, 세로 23mm, 높이 25mm 육면체로 만든다.

2 윗면 중앙에 폭 2mm 라인을 표시하고 라인을 따라 삼등분 한다.

3 2mm 가운데 조각을 눕히고 반으로 자른다.

4 자른 가운데 조각 윗조각을 뺀 나머지 조각을 원래대로 붙인다.

5 윗면, 아랫면을 제외한 나머지 네 면을 얇게 잘라 네 면을 정리한다.

6   다양한 모양 커터를 준비한다.

7   연보라색 점토를 머신 두께 7로 내린다.

8   모양 커터를 겹치도록 찍는다.

9   마음에 드는 조각을 고른다.

10   회색, 민트색, 연 노란색, 연주 황색의 점토도 같은 방법으로 조각을 만든다.

11   검은색 점토 밑면을 제외한 모든 면에 조각을 붙인다.

12   홀더를 다양한 각도에서 본 모습이다.

13   110도 오븐에서 20분간 구워 내면 포토 홀더 완성.

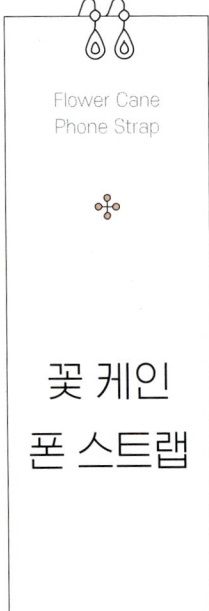

Flower Cane
Phone Strap

꽃 케인
폰 스트랩

준비물

♦__ 폴리머클레이 (연 노란색, 연보라색) (반투명 계열-노란색, 보라색)

Y__ 꽃모양 커터, 이쑤시개, 9핀, 핀 바이스, 휴대폰케이스, 나사형 솔트레지(링)

1 연 노란색 점토를 지름 25mm, 높이 15mm 원기둥으로 만든다.

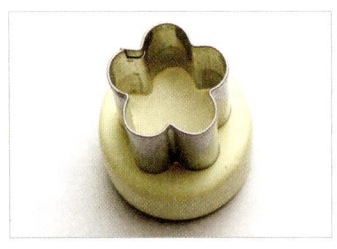

2 꽃모양 커터를 점토 중앙에 얹어 찍는다.

3 꽃모양 커터와 점토를 분리한다.

4 반투명 노란색 점토를 머신 두께 7로 세로 15mm 긴 사각형으로 만든다.

5 연 노란색 꽃 모양에 감는다.

6 꽃모양 커터로 찍고 남은 연 노란색 점토 안을 채운다.

7 꽃 케인을 지름이 13mm정도 될 때까지 늘인다.

8 반으로 잘라 문양을 확인한다.

9 두께 8mm로 자르고 이쑤시개로 구멍을 뚫는다.

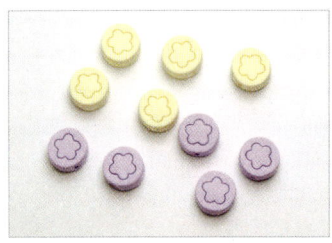

10 같은 방법으로 연보라색 꽃 케인을 만들고 110도 오븐에서 10분 굽는다.

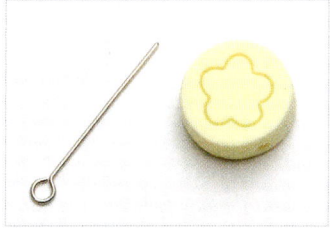

11 9핀을 꽂아 9자 말이 한다.

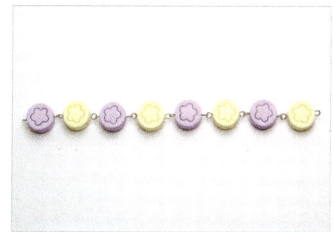

12 기차처럼 서로 연결한다.

13 하드 폰 케이스를 준비한다.

14 핀 바이스로 원하는 위치에 구멍을 뚫는다.

15 나사형 솔트레지(링)을 두 개 준비한다.

16 나사형 솔트레지(링)을 뚫어 놓은 구멍에 끼우고 조인다.

17 대각선 아래에도 같은 방법으로 작업한다.

18 만들어 놓은 꽃 케인 체인을 연결하면 꽃 케인 폰 스트랩 완성.

Feather
Bookmarks

깃털
책갈피

준비물　　◆__　폴리머클레이 (레더 검은색)

　　　　　　　∀__　깃털 스탬프, 잉크 패드, 가위, 빨대, O링, 체인, 책갈피 부자재

1　흰색 잉크 패드와 깃털 스탬프를 준비한다.

2　레더 검은색을 머신 두께 5로 깃털 스탬프의 크기보다 크게 만든다.

3　깃털 스탬프에 흰색 잉크 패드를 살살 두드려가며 골고루 잉크를 묻힌다.

4　점토 위에 스탬프를 살짝 올리고 일정한 힘으로 전체를 누른다.

5　점토 위에 찍힌 깃털 모양 위에 빨대로 구멍을 뚫는다.

6　130도 오븐에서 10분 굽는다. 폴리머클레이 레더는 굽는 온도가 일반 폴리머클레이에 비해 높다.

7　가위로 모양을 따라 자른다.

8　책갈피 부자재와 체인을 O링으로 연결하면 깃털 책갈피 완성. 레더 점토는 굽고 나서도 유연하기 때문에 부러질 염려가 없다.

Pet Name Tag

반려동물
인식표

준비물　　　◆＿　폴리머클레이 (레더-다홍색, 청록색)

　　　　　　　　∀＿　알파벳 도장, 모양 커터, 가죽 줄, 종캡, O링, 게고리, 키링, 순간접착제

1　레더 다홍색을 머신 두께 1로
넓은 형태로 만든다.

2　반려동물 이름을 조합한 알파
벳 도장을 준비한다.

3　점토 위에 적당한 힘으로 찍고 점토가 찢어지지 않도록 조심히 떼어
낸다.

4　반려동물 이름 길이보다 큰 별 모양 커터로 점토 위에 찍는다.

5 빨대 혹은 작은 원형 커터로 끝 부분에 구멍을 뚫는다.

6 점토를 130도 오븐에서 10분 굽는다. 폴리머클레이 레더는 굽는 온도가 일반 폴리머클레이에 비해 높다.

7 가죽 줄과 줄 두께에 맞는 종캡을 두 개 준비한다.

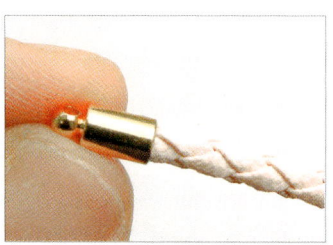
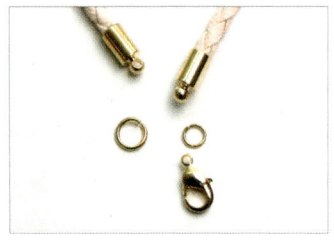

8 종캡에 순간접착제를 바르고 가죽 줄을 끼워 빠지지 않게 붙인다.

9 가죽 줄 양쪽 끝에 같은 방법으로 종캡을 붙인다.

10 종캡 양쪽 끝에 O링을 연결하고 한쪽은 게고리를 연결한다.

11 O링으로 가죽 줄과 점토를 연결한다.

12 반려동물 인식표 완성.

13 같은 방법으로 이름을 새긴 후 O링으로 키링과 점토를 연결하여 다른 스타일의 인식표를 만들어 본다.

14 반려동물 성향에 따라 형태를 달리하여 사용하면 좋다.

Leather
Coaster

가죽
티코스터

준비물　◆＿　폴리머클레이 (레더 갈색)

♥＿　자, 칼, 다이아몬드 치즐, 바늘, 실, 순간접착제

1　레더 갈색을 머신 두께 2로 가로 100mm, 세로 100mm 사각형으로 만든다.

2　130도 오븐에서 10분간 굽는다. 폴리머클레이 레더는 굽는 온도가 일반 폴리머클레이에 비해 높다.

3　가로 90mm, 세로 90mm 정사각형으로 자른다.

4　사각형 꼭짓점에서 20mm씩 떨어진 위치를 사선으로 잘라낸다.

5　점토 가장자리에서 3mm 안쪽에 송곳으로 라인을 그린다.

6　라인을 따라 다이아몬드 치즐로 구멍을 뚫는다.

7　실 양쪽 끝에 바늘을 연결한 후 새들스티치로 바느질한다.

8　한 바퀴 바느질을 하고 매듭에 풀리지 않게 순간접착제를 바른다.

9　가죽 티코스터 완성.

새들스티치는 한 구멍에 두 개의 바늘이 다른 방향으로 동시에 통과하는 바느질 기법으로 바느질 한 후 양면의 모양이 같게 나와 양면으로 사용 할 수 있는 장점이 있다. 새들스티치가 어려운 경우 박음질, 홈질 등 다양한 방법으로 바느질을 해도 좋다

Color
Wall Clock

그러
데이션
벽시계

준비물   ◆__ 폴리머클레이 (레더- 연 노란색, 진분홍색)

　　　　　✂__ 원형 커터, 가위, 시계 침, 무브먼트

1 연 노란색, 진분홍색을 각각 머신 두께 1로 가로 100mm, 세로 60mm 직사각형으로 만든다.

2 대각으로 자른 후 다른 색 한 조각씩을 붙여 가로 100mm, 세로 60mm 직사각형으로 만든다.

3 머신으로 그러데이션 한다.

4 지름 100mm 원형 커터를 준비한다.

5 원형 커터를 점토 위에서 살짝 눌러 자국을 낸다. 폴리머클레이 레더로 만드는 면적이 넓은 작품은 굽기 전에 잘라내는 것 보다 굽고 나서 가위나 칼로 잘라내야 잘린 표면이 깔끔하게 나온다.

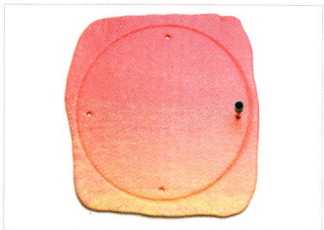

6 작은 원형 커터로 12시, 3시, 6시, 9시 위치에 구멍을 뚫는다.

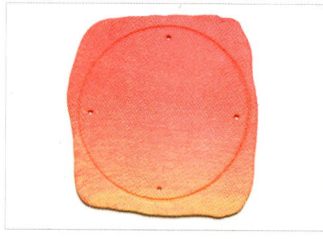

7 130도 오븐에서 10분 굽는다.

8 가위로 자국을 따라 자른다.

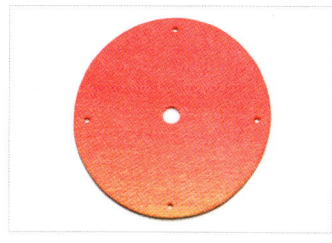  

9 중앙에 무브먼트 사이즈에 맞는 구멍을 뚫는다.   **10** 무브먼트를 끼운다.

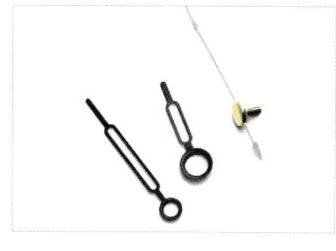 

11 초침, 분침, 시침을 준비한다.   **12** 침을 끼우고 건전지를 넣으면 그러데이션 벽시계 완성.

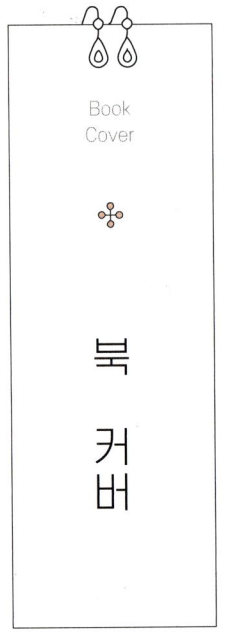

Book
Cover

북

커

버

준비물　◆__　폴리머클레이 (레더 회색)

　　　　　Y__　태엽 스텐실, 잉크패드, A4용지, 송곳, 가죽공예용 원형 펀치, 칼, 자, 실, 바늘, 고무줄, 단추

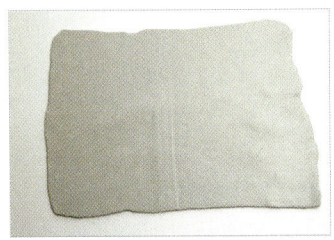

1 레더 회색을 머신 두께 2로 가로 180mm, 세로 130mm 사각형 형태로 만든다.

2 점토 중간에서 오른쪽에 태엽 스텐실을 얹는다.

3 점토와 태엽 스텐실이 뜨지 않도록 밀대로 민다.

4 검은색 잉크패드를 준비한다.

5 태엽 스텐실 위에 검은색 잉크 패드를 살살 두드려가며 골고루 잉크를 묻힌다.

6 스텐실을 떼어낸 후 130도 오븐에서 10분 굽는다. 폴리머클레이 레더는 굽는 온도가 일반 폴리머클레이에 비해 높다.

7 칼로 가로 165mm, 세로 115mm 사이즈로 잘라낸다.

8 A4용지 5장을 1/4로 자른 후 겹쳐서 반으로 접는다.

9 접힌 부분에 일정한 간격으로 네 개의 구멍을 송곳으로 뚫는다.

10 점토 위에 얹은 후 송곳으로 찔러 구멍 위치를 표시한다.

11 원형 펀치와 고무망치로 구멍을 뚫는다.

12 바느질하여 종이와 점토를 엮는다.

 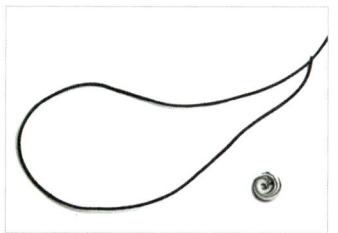 

13 반으로 접어 사이즈가 맞는지 확인한다.

14 고무줄과 단추를 준비한다.

15 고무줄에 단추를 끼우고 끝에 매듭을 만든다.

16 북 커버 위와 옆모습

17 태엽 북 커버 및 노트 완성.